COLLECTION MICHEL LÉVY

ŒUVRES

DE

GEORGE SAND

OUVRAGES
DE
GEORGE SAND
PUBLIÉS DANS LA COLLECTION MICHEL LÉVY.

ADRIANI.	1 vol.
LES AMOURS DE L'AGE D'OR.	1 —
LES BEAUX MESSIEURS DE BOIS-DORÉ.	2 —
LE CHATEAU DES DÉSERTES.	1 —
LE COMPAGNON DU TOUR DE FRANCE.	2 —
LA COMTESSE DE RUDOLSTADT.	2 —
CONSUELO.	3 —
LES DAMES VERTES.	1 —
LA DANIELLA.	2 —
LE DIABLE AUX CHAMPS.	1 —
LA FILLEULE.	1 —
FLAVIE.	1 —
HISTOIRE DE MA VIE.	10 —
L'HOMME DE NEIGE.	3 —
HORACE.	1 —
ISIDORA.	1 —
JACQUES.	1 —
JEANNE.	1 —
LÉLIA — Métella. — Melchior. — Cora.	3 —
LUCREZIA FLORIANI. — Lavinia.	1 —
LE MEUNIER D'ANGIBAULT.	2 —
NARCISSE.	1 —
LE PÉCHÉ DE M. ANTOINE.	2 —
LE PICCININO.	2 —
LE SECRÉTAIRE INTIME.	1 —
SIMON.	1 —
TEVERINO — Léone Léoni.	1 —
L'USCOQUE.	1 —

Poissy. — Typographie et stér. de A. BOURET.

PROMENADES
AUTOUR D'UN VILLAGE

PAR

GEORGE SAND

PARIS
MICHEL LÉVY FRÈRES, LIBRAIRES ÉDITEURS
RUE VIVIENNE, 2 BIS, ET BOULEVARD DES ITALIENS, 15
A LA LIBRAIRIE NOUVELLE
—
1866
Tous droits réservés

PROMENADES
AUTOUR
D'UN VILLAGE

Dans les derniers jours de juin 1857, je me mis en route avec deux compagnons qui ne demandaient qu'à courir : un naturaliste et un artiste, qui est, en même temps, naturaliste amateur.

Il s'agissait pour eux d'explorer, sous certains rapports, la faune entomologique, en langue vulgaire la nature des insectes qui habitent notre département. N'étant qu'un parfait ignorant pour mon compte, je leur avais seulement promis, en leur servant de guide, un charmant pays à parcourir.

Mais, avant d'aller plus loin, il faut que, pour la facilité de mon récit, je baptise ces deux personnages que j'accompagne. Je leur laisserai les noms dont ils s'étaient gratifiés l'un l'autre dans leurs promenades entomologiques.

L'artiste est, à ses moments perdus, grand collectionneur et préparateur de premier ordre. Un charmant petit papillon bleu fort commun était tombé en poussière à la collection, et notre ami est si difficile dans le choix des individus qu'il juge dignes d'y figurer, qu'il n'en trouve pas toujours un sur cent. Il poursuivit donc, durant toute la saison, la jolie lycænide *amyntas*. De là le nom bucolique d'Amyntas qu'il porte fort complaisamment et dont je ne vois pas, au reste, qu'il ait sujet de se fâcher.

Le naturaliste, un savant modeste, bien que très-connu à Paris de tous les amateurs d'entomologie, était absorbé, depuis quelques jours, dans la recherche des coques de certaines chrysalides sur les branches mortes de certains arbres. De là le nom pompeux de Chrysalidor, gracieusement accepté par notre compagnon.

On partit par une matinée très-fraîche, muni de provisions de bouche, à seules fins de gagner du temps en route, car on trouve partout à manger maintenant dans notre bas Berry ; mais on n'y est pas encore très-vif. Le Berrichon des plaines n'est jamais pressé, et avec lui il faut savoir attendre.

Or, nous voulions arriver et ne pas perdre les belles heures du jour à voir tourner les broches, lesquelles tournent aussi gravement que les gens du pays. Quant aux tables, je doute qu'elles y tournent jamais, ou ce serait avec une nonchalance si désespérante, que les plus fervents adeptes s'endormiraient au lieu de penser à les interroger.

Nous déjeunâmes donc sur l'herbe, dans les ruines d'une vieille forteresse, et, deux heures après, nous quittions la route pour un chemin vicinal non achevé, et plus gracieux à la vue que facile aux voitures.

Nous avions traversé un pays agréable, des ondulations de terrain fertile, de jolis bois penchés sur de belles prairies, et partout de larges horizons bleus qui rendent l'aspect de la contrée assez mélancolique.

Mais je me rappelais avoir vu par là un site bien autrement digne de remarque, et, quand le chemin se précipita de manière à nous forcer de descendre à pied, j'invitai mes naturalistes, fureteurs de buissons, à jeter les yeux sur le cadre qui les environnait.

Au milieu des vastes plateaux mouvementés qui se donnent rendez-vous comme pour se toucher du pied, en s'abaissant vers une sinuosité cachée aux regards, le sol se déchire tout à coup, et dans une brisure d'environ deux cents mètres de profondeur, revêtue de roches sombres ou de talus verdoyants, coule, rapide et murmurante, la Creuse aux belles eaux bleues rayées de rochers blancs et de remous écumeux.

C'est cette grande brisure qui se découvrait tout à coup au détour du chemin et qui ravissait nos regards par un spectacle aussi charmant qu'inattendu.

En cet endroit, le torrent forme un fer à cheval autour d'un mamelon fertile couvert de blondes moissons. Ce mamelon, incliné jusqu'au lit de la Creuse, ressemble à un éboulement qui aurait coulé paisiblement entre les deux remparts de rochers, lesquels se relèvent de chaque côté et enferment, à perte de vue, le cours de la rivière dans les sinuosités de leurs murailles dentelées.

Le contraste de ces âpres déchirements et de cette eau agitée, avec la placidité des formes environnantes, est d'un *réussi* extraordinaire.

C'est une petite Suisse qui se révèle au sein d'une contrée où rien n'annonce les beautés de la montagne. Elles y sont pourtant discrètement cachées et petites de proportions, il est vrai, mais vastes de courbes et de perspectives, et infiniment heureuses dans leurs mouvements souples et fuyants. Le torrent et ses précipices n'ont pas de terreurs pour l'imagination. On sent une nature abordable, et comme qui dirait des abîmes hospitaliers. Ce n'est pas sublime d'horreur ; mais la douceur a aussi sa sublimité, et rien n'est doux à l'œil et à la pensée comme cette terre généreuse soumise à l'homme, et qui semble ne s'être permis de montrer ses dents de pierre que là où elles servent à soutenir les cultures penchées au bord du ravin.

Quand vous interrogez une de ces mille physionomies que revêt la nature à chaque pas du voyageur, ne vous vient-il pas toujours à l'idée de la personnifier dans l'image d'une déesse aux traits humains ?

La terre est femelle, puisqu'elle est essentiellement mère. C'est donc une déité aux traits changeants, et elle se symbolise par une beauté de femme tour à tour souriante et désespérée, austère et pompeuse, voluptueuse et chaste. Le travail de l'homme, jusqu'à ce jour ennemi de sa beauté, réussit à lui ôter toute physionomie, et cela, sur de grandes étendues de pays. Livrée à elle-même, elle trouve toujours moyen d'être belle ou frappante d'une manière quelconque.

Voilà pourquoi, dès qu'on aborde une région où les conquêtes de la culture n'ont pu effacer la trace des grands bouleversements ou des grands nivellements primitifs, on est saisi d'émotion et de respect.

Cette émotion tient du vertige devant les scènes

grandioses des hautes montagnes et les débris formidables des grands cataclysmes.

Rien de semblable ici.

C'est un mouvement gracieux de la bonne déesse ; mais, dans ce mouvement, dans ce pli facile de son vêtement frais, on sent la force et l'ampleur de ses allures. Elle est là comme couchée de son long sur les herbes, baignant ses pieds blancs dans une eau courante et pure ; c'est la puissance en repos ; c'est la bonté calme des dieux amis. Mais il n'y a rien de mou dans ses formes, rien d'énervé dans son sourire. Elle a la souveraine tranquillité des immortels, et, toute mignonne et délicate qu'elle se montre, on sent que c'est d'une main formidablement aisée qu'elle a creusé ce vaste et délicieux jardin dans cet horizon de son choix.

Ce jardin naturel qui s'étend sur les deux rives de la Creuse, c'est l'oasis du Berry.

Chère petite Indre froide et muette de nos prairies, pardonne-le-nous ! tu es notre compagne légitime ; mais nous tous qui habitons tes rives étroites et ombragées, nous sommes les amoureux de la

Creuse, et, quand nous avons trois jours de liberté, nous te fuyons pour aller tremper le bout de nos doigts dans les petits flots mutins de la naïade de Châteaubrun et de Crozant. Les bons bourgeois et les jeunes poëtes de nos petites villes vont voir ces rochers, après lesquels ils croient naïvement que les Alpes et les Pyrénées n'ont plus rien à leur apprendre.

Faisons comme eux, oublions le mont Blanc et le pic du Midi. Oublions même Mayorque et l'Auvergne, et le Soracte, plus facile à oublier.

Qu'importe la dimension des choses ! C'est l'harmonie de la couleur et la proportion des formes qui constituent la beauté. Le sentiment de la grandeur se révèle parfois aussi bien dans la pierre antique gravée d'un chaton de bague que dans un colosse d'architecture.

La journée était devenue brûlante ; nos chevaux avaient faim et soif : nous descendîmes au village du Pin, où le chemin finissait. Mais le malheureux village, il est assis au bord du ravin de la Creuse, et il lui tourne le dos ! Pas une maison, pas un œil qui se soucie de plonger dans cette belle profondeur ; les habitants aiment mieux regarder leur chemin neuf et poudreux et le talus aride qui l'enferme.

Malgré cette absence de goût, on peut dire, comme dans les relations des grands voyages, que les habitants de ce lieu sont *fort affables.* Nous sommes encore en plein Berry, et pourtant ce sont d'autres types, d'autres manières, d'autres costumes que ceux des bords de l'Indre. L'air avenant, l'obligeance hospitalière, la confiance soudaine, je ne sais quelle familiarité sympathique, voilà d'emblée, et de la part de toutes gens, un bon accueil assuré. En un instant, étables et granges s'ouvrent pour remiser au mieux notre véhicule et recevoir nos chevaux.

— Ah ! vous voilà enfin revenu chez nous ? dit, derrière moi, une voix d'homme en m'appelant par mon nom. Votre cheval blanc ne valait pas ceux-ci. Et votre fils, où est-il donc ? Je ne le vois pas. Où voulez-vous aller, cette fois ? A la Roche-Martin ou à la Preugne-au-Pot ? Nous aurons, j'espère, meilleur temps que la dernière fois, et nous passerons la rivière sans danger dans le bateau.

Cet homme, qui me parlait de nos dernières courses avec lui en 1844, comme s'il se fût agi d'hier, et dont je reconnaissais la figure de contrebandier espagnol, c'était Moreau, le pêcheur de truites, le loueur d'ânes et de chevaux, le messager, le guide, le factotum actif et intelligent des voyageurs en Creuse.

— Conduisez-nous à l'autre village, lui dis-je; vos chemins sont tout changés; je ne me reconnais plus.

— Ah! dame, nos chemins sont mieux dessinés qu'autrefois. On va plus droit; mais ils ne sont pas encore commodes aux voitures, et vous irez plus vite à pied.

— C'est notre intention, d'aller à pied.

— Alors, marchons.

— J'ai grand'soif, dit Amyntas en soupirant.

— Voulez-vous du lait de ma chèvre? lui cria une pauvre femme devant la porte de laquelle nous passions.

Amyntas accepta, tout joyeux d'avoir à donner à cette aimable villageoise une pièce de monnaie.

Elle ne la refusa pas, mais elle la reçut avec étonnement.

— Comment! dit-elle, vous voulez payer une écuellée de lait? Ça n'en valait pas la peine, et j'étais bien aise de vous l'offrir.

— Vous ne me connaissez pourtant pas?

— Non; mais on aime à faire plaisir aux passants.

— Oh! oh! me dit Amyntas, sommes-nous donc déjà si loin de la vallée Noire? Je n'y ai jamais vu un paysan prévenir les désirs d'un inconnu. Je sais bien que ce n'est pas avarice, mais c'est méfiance ou timidité.

Le soleil baissait; nous ne savions pas où nous trouverions à dîner et à coucher, et, une fois engagés dans le ravin, où la nuit se fait de bonne heure et où les sentiers ne sont vraiment pas commodes, il n'y a rien de mieux à faire que de s'en remettre à la Providence.

Amyntas doubla le pas en chantant.

Chrysalidor ne chantait pas; il ne pensait même plus à récolter des insectes. Tandis que son compagnon s'enivrait de bien-être et de mouvement, il était tranquillement ravi du charme particulier de ce doux et agreste paysage. Tout savant exact et chercheur minutieux qu'il est, il connaît les jouissance de l'artiste, il n'a pas l'intelligence atrophiée par l'amour du détail. Il comprend et il aime l'ensemble. Il sait respirer la saveur du grand tout. Cependant il voyait comme qui dirait des deux yeux. Il en avait un pour le grand aspect du temple de la nature, et l'autre pour les pierres précieuses qui en revêtent le sol et les parois.

— Je vois ici, nous dit-il, une flore tout à coup différente de celle que nous traversions il y a un quart d'heure. Voici des plantes de montagne qui ont le *facies* méridional : où donc sommes-nous ? Je n'y comprends plus rien. Et cette chaleur écrasante à l'heure où l'air devrait fraîchir, la sentez-vous ? Il n'y a pourtant pas un nuage au ciel.

— Si je la sens ? répondit Amyntas. Je le crois bien ! Nous sommes pour le moins en Afrique.

— Il serait fort possible, reprit le savant d'un air absorbé, que nous fissions ici quelque *rencontre* étonnante !

— Oh! n'ayez pas peur, monsieur! s'écria Moreau, qui crut que notre savant s'attendait à rencontrer tout au moins quelque lion de l'Atlas. Il n'y a point ici de méchantes bêtes.

Le chemin fit encore un coude, et le village, le vrai village cherché, se présenta magnifiquement éclairé, sous nos pieds. Il faut arriver là au soleil couchant : chaque chose a son heure pour être belle.

C'est un nid bâti au fond d'un entonnoir de collines rocheuses où se sont glissées des zones de terre végétale. Au-dessus de ces collines s'étend un second amphithéâtre plus élevé. Ainsi de toutes parts le vent se brise au-dessus de la vallée, et de faibles souffles ne pénètrent au fond de la gorge que pour lui donner la fraîcheur nécessaire à la vie. Vingt sources courant dans les plis du rocher, ou surgissant dans les enclos herbus, entretiennent la beauté de la végétation environnante.

La population est de six à sept cents âmes. Les maisons se groupent autour de l'église, plantée sur le rocher central, et s'en vont en pente, par des ruelles étroites, jusque vers le lit d'un délicieux petit torrent dont, à peu de distance, les eaux se perdent encore plus bas dans la Creuse.

C'est un petit chef-d'œuvre que l'église romano-byzantine. La commission des monuments historiques l'a fait réparer avec soin. Elle est parfaitement homogène de style au dehors et charmante de proportions.

A l'intérieur, le plein cintré et l'ogive molle se marient agréablement. Les détails sont d'un grand goût et d'une riche simplicité. On descend par un bel escalier à une crypte qui prend vue sur le ravin et le torrent.

Mais, des curieuses fresques que j'ai vues autrefois dans cette crypte, il ne reste que des fragments épars, quelques personnages vêtus à la mode de Charles VII et de Louis XI, des scènes religieuses d'une laideur naïve et d'un sens énigmatique. Ailleurs, quelques anges aux longues ailes effilées, d'un dessin assez élégant et portant sur la poitrine des écussons effacés. Malgré la sécheresse de la roche, l'humidité dévore ces précieux vestiges.

Quelque source voisine a trouvé assez récemment le moyen de suinter dans le mur où j'ai encore vu, il y a trente ans, les restes d'une danse macabre extrêmement curieuse. Les personnages glauques semblaient se mouvoir dans la mousse verdâtre qui envahissait le mur : c'était d'un ton inouï en peinture et d'un effet saisissant.

Le Christ assis, nimbé entièrement, qui surmonte le maître-autel de la nef supérieure, est d'une époque plus primitive, contemporaine, je crois, de la construction de l'église. Je l'ai toujours vu aussi frais qu'il l'est maintenant, et je suppose qu'il avait été, dès lors, restauré par quelque artiste de village, qui lui a conservé, par instinct, conscience ou tradition, sa naïveté barbare. Tant il y a qu'on jurerait d'une fresque exécutée d'hier par un de ces peintres gréco-byzantins qui, en l'an 1000, parcouraient nos campagnes et décoraient nos églises rustiques.

II

Le tombeau de Guillaume de Naillac, seigneur du lieu au xiiiᵉ siècle, représente un personnage couché, vêtu d'une longue robe, l'aumônière au flanc, la tête appuyée sur un coussin que soutiennent deux angelots. Sa colossale épée repose près de lui ; à ses pieds est le *léopard passant* de son blason.

Il y a trente ans, ce sévère personnage était encore en grande vénération, sous le nom grotesque et la renommée cynique d'un certain saint que l'on ne doit pas nommer en bonne compagnie.

Je ne sais quel honnête curé a trouvé moyen de détruire cette superstition et de conserver le sire de Naillac en bonne odeur auprès des dévots de sa paroisse, en faisant de lui (à tort, il est vrai) le fondateur de l'église ; si bien qu'aujourd'hui on vous montre l'ancien saint sous ce titre prosaïque : *l'entrepreneur de bâtiment*. Son nez et sa bouche sont entaillés de coupures qui l'ont un peu défiguré.

L'usage était encore, il y a trente ans, de gratter ainsi au couteau certaines statues, et même certaines pierres. La poudre qu'on en retirait était mêlée à un verre d'eau que s'administraient les femmes stériles.

Cette précieuse église était bâtie au centre de l'antique forteresse dont les tours et la muraille ruinées jalonnent l'ancien développement sur le roc escarpé.

Le château moderne, bâti au siècle dernier dans un style quasi monastique, soutient le chevet de l'église. L'ancienne porte, flanquée de deux tours, espacée d'une ogive au-dessus de laquelle se dessinent les coulisses destinées à la herse, sert encore d'entrée au manoir. Le pied des fortifications plonge à pic dans le torrent.

Nul château n'a une situation plus étrangement mystérieuse et romantique. Un seul grand arbre ombrage la petite place du bourg, qui, d'un côté, domine le précipice, et, de l'autre, se pare naturellement d'un énorme bloc isolé, d'une forme et d'une couleur excellentes.

Arbre, place, ravin, herse, église, château et rochef, tout cela se tient et forme, au centre du bourg, un tableau charmant et singulier qui ne ressemble qu'à lui-même.

Le châtelain actuel est un solide vieillard de quatre-vingts ans, qui s'en va encore tout seul, à pied, par une chaleur torride, à travers les sentiers escarpés de ses vastes domaines. Riche de cinquante mille livres de rente, dit-on, il n'a jamais rien restauré que je sache; mais il n'a jamais rien détruit; sachons-lui-en gré. Les pans écroulés de ses vieilles murailles sombres dentellent son rocher dans un désordre pittoresque, et les longs épis historiés de ses girouettes tordues et penchées sur ses tours d'entrée ne peuvent être taxés d'imitation et de charlatanisme.

Un autre monument du village, c'est une maison renaissance, fort élégante d'aspect, habitée par des paysans. Elle tombe en ruine.

A quelque distance, on la croirait bâtie en beau moellon de granit; mais, comme toutes les autres, elle n'est qu'en pierre feuilletée et schisteuse de la localité.

On l'a seulement revêtue de filets de mastic blanchâtre en relief, qui font un trompe-l'œil très-harmonieux. Son pignon aigu est percé d'une petite fenêtre soutenue par un meneau déjeté, en vrai granit taillé en prisme.

La porte cintrée est enfoncée sous le balcon de bois du premier étage et sous l'avancement de l'escalier, lequel est formé de gros blocs irréguliers à peine dégrossis.

Une vigne folle court sur le tout et complète la physionomie pittoresque de cette élégante et misérable demeure, dont un appendice écroulé gît à son flanc depuis des siècles, sans qu'il soit question d'ôter les décombres.

Au reste, cette maison, dans ses dispositions générales, paraît avoir servi de modèle à toutes celles du village. Sauf les grands pignons, qui ont été remplacés par des toits tombants, communs à plusieurs habitations mitoyennes, toutes sont construites sur le même plan.

Le rez-de-chaussée, avec une porte à cintre surbaissé, ou à linteau droit, formée d'une seule pierre gravée en arc à contre-courbe, n'est qu'un cellier dont l'entrée s'enfonce sous le balcon du premier étage, quelquefois entre deux escaliers de sept à huit marches assez larges, descendant de face. Au premier, une ou deux chambres ; au-dessus, un grenier dont la mansarde en bois ne manque pas de caractère.

Beaucoup de ces maisons paraissent dater du XIVe ou du XVe siècle. Elles ont des murs épais de trois ou quatre pieds et d'étroites fenêtres à embrasures profondes, avec un banc de pierre posé en biais. On a presque partout remplacé le manteau des antiques cheminées par des cadres de bois ; mais les traces de leurs grandes ouvertures se voient encore dans la muraille.

Les chambres de ces vieilles maisons rustiques sont mal éclairées, d'autant plus qu'elles sont très-spacieuses. Le plafond, à solives nues, est parfois séparé en deux par une poutre transversale et s'inclinant en forme de toit, des deux côtés. Le pavé est en dalles brutes, inégales et raboteuses. L'ameublement se compose toujours de grands lits à dossier élevé, à couverture d'indienne piquée, et à rideaux de serge verte ou jaune sortant d'un lambrequin découpé, de hautes armoires très-belles, de tables massives et de chaises de paille. Le coucou y fait entendre son bruit monotone, et les accessoires encombrent les solives : partout le filet de pêche et le fusil de chasse.

Il y a, dans ce village, des constructions plus modernes, des maisonnettes neuves et blanches, crépies à l'extérieur, et dont les entourages, comme ceux du château, sont en brique rouge.

Grâce à leurs petits perrons et aux vignes feuillues qui s'y enlacent, elles ne sont pas trop disparates à côté des constructions primitives qui montrent leurs flancs de pierres sèches d'un brun roux, leurs toits de vieilles tuiles toutes pareilles de ton et de forme à cette pierre plate du pays, et leurs antiques encadrements de granit à pans coupés. La couleur générale est sombre mais harmonieuse, et les grands noyers environnants jettent encore leur ombre à côté de celle des ruines de la forteresse.

— Les maisons sont chères ici, nous dit notre

guide. Vous voyez, il n'y a pas de place pour bâtir : le rocher ne veut pas.

— Qu'est-ce que vous appelez chères, dans ce pays-ci?

— De cinq cents à mille francs, suivant la bonté de la carcasse.

— Croyez-vous qu'on pourrait trouver ici des chambres pour passer la nuit ?

— Tenez ! dit-il en marchant devant nous pour ouvrir une porte qui n'avait pas de gâche à la serrure, regardez si ça vous convient.

Nous montâmes l'inévitable perron, dont les rampes sont toujours revêtues de grands carrés de micaschiste jaune brun ou de galets granitiques des bords de la Creuse, ce qui rappelle les constructions pyrénéennes en dalles de basalte et en cailloux des gaves.

Nous trouvâmes là deux petites chambres blanchies à la chaux, plafonnées en bois brut, meublées de lits de merisier et de grosses chaises tressées de paille. C'est très-propre. Nous voilà logés.

III

Il s'agissait de dîner.

— Dîner ? s'écria Moreau. La belle affaire ! Regardez ! le village est rempli de poules et de poulets qui ne sont pas farouches. On en aura vite attrapé deux ou trois. Voyez combien de vaches rentrent du pré ! Chacun a la sienne, tout au moins. Croyez-vous qu'on manque ici de lait et de beurre ? Et les œufs ! Il n'y a qu'à se baisser pour en ramasser. Enfin la Creuse n'est pas loin. Je m'y en vas donner un coup d'épervier, et, si je ne vous rapporte pas une belle truite, à tout le moins je trouverai bien une belle friture de tacons.

Or, le tacon est le saumon en bas âge ; les saumons de mer, remontant la Loire, viennent frayer dans les eaux vives de la Creuse, et ce n'est point là un mets à dédaigner. On n'a pas encore à se tourmenter ici de pisciculture, à moins que ce ne soit pour étudier les procédés de l'ingénieuse et bonne nature, afin de les appliquer en d'autres pays.

Outre ce menu, nous avions cueilli en route de beaux ceps. Tout cela était fort alléchant pour des gens affamés, même ces pauvres poulets qui couraient encore. Mais il fallait une cuisine et une femme ; car aucun de nous ne possédait les utiles talents de l'auteur des *Impressions de voyage*.

— De quoi diable vous inquiétez-vous? dit le guide. Il y a ici une auberge dont la maîtresse cuisinerait pour un archevêque. C'est elle qui vous prêtera les chambres où vous voilà, à condition que vous irez dîner chez elle, en haut du village. Est-ce convenu? restez-vous ici? Je vas commander la soupe. En attendant, descendez ce chemin, et vous vous trouverez à la rencontre de la petite rivière et de la grande. Restez-y une heure et revenez : tout sera prêt, même le café, car je me souviens que vous n'aimez point à vous passer de ça.

— Mais je me reconnais très-bien, lui dis-je; il n'y a point de pont en bas du village.

— Si fait, il y en a un maintenant. Allez devant vous.

— Nous trouvâmes le chemin rapide, mais commode, le pont très-joli et le confluent des deux torrents admirable de fraîcheur et de mystère.

Le soleil était déjà couché pour nous, il était descendu derrière les rochers qui nous faisaient face; mais, au loin, il envoyait, à travers ses brisures, de grandes lueurs chaudes et brillantes sur les fonds d'émeraude de la gorge.

Quand on est tout au fond de cette brèche qui sert de lit à la Creuse, l'aspect devient quelquefois réellement sauvage. Sauf les pointes effilées de quelques clochers rustiques qui, de loin en loin, se dressent comme des paratonnerres sur le haut du plateau, et quelques moulins charmants échelonnés le long de l'eau, avec leurs longues écluses en biais ou en éperon, qui rayent la rivière d'une douce et fraîche cascatelle, c'est un désert.

Pour peu que l'on se trouve engagé dans un de ses coudes rocailleux, assez escarpés pour ne pas livrer passage aux troupeaux, on se croirait au sein d'une nature âpre et désolée. Mais, un peu plus loin, la rivière tourne, et la scène change. Le ravin s'adoucit un instant et laisse couler des zones d'herbe fraîche et de beaux arbres, jusqu'à de délicieuses pelouses, où les pieds meurtris se reposent dans du velours. Et puis ce sont de longues flaques de sable fin et humide où croissent des plantes exquises, diverses espèces de sauges et de baumes, et ces grandes menthes aux grappes lilas, dont les mouches, les papillons et les coléoptères semblent se disputer le nectar avec une sorte de rage.

Tout ce monde-là était endormi pendant que le soleil s'en allait, et on ne voyait plus voler que le satyre janira, ce papillon si abondant dans toute la France, hardi et pullulant comme le moineau, dont il a la couleur brune, et qui, comme lui, se couche tard, après avoir fait beaucoup de façons et essayé beaucoup de gîtes.

La Creuse occupe déjà un lit assez large dans ces parages; elle est presque partout semée de longues roches aiguës, qu'un léger sédiment blanchit au temps des crues. Quelquefois ce sont des crêtes quartzeuses, d'un vrai blanc de marbre, qui se dressent au milieu du sol primitif : on croirait pouvoir la franchir partout aisément en sautant de pierre en pierre ; mais, vers son milieu, elle a presque toujours un canal rapide assez profond.

Chaque moulin a son petit bateau, qui peut transporter quelques individus d'une rive à l'autre ; mais rarement les propriétaires occupent les deux rives, et le besoin de communiquer entre eux se fait peu sentir aux habitants des deux plateaux, si bien que, d'un côté à l'autre du précipice, on passe très-bien plusieurs années sans se connaître et sans nouer de relations, du moins dans la partie qui s'étend de la grande ruine de Châteaubrun au point où nous étions.

Nous rêvions fort tranquillement sur les îlots de roches du rivage, quand nous fûmes assaillis par les naturels du pays sous la forme de quatre gamins occupés, ou plutôt nullement occupés à garder quatre cochons. Chacun avait le sien par rang de taille, et le dernier bambin avait la gouverne du cochon de lait.

Les cochons étaient bien sages, les enfants l'étaient

moins ; ils accoururent autour de nous, criant, hurlant, gambadant et nous montrant quatre effroyables petits museaux qui semblaient écorchés à vif et baignés d'un sang noirâtre, le tout dans l'évidente intention de nous effrayer.

C'est un divertissement bien connu chez nous que ce barbouillage avec le jus des guignes noires qui pendent au-dessus des buissons et jonchent la terre à leur maturité.

Amyntas répondit à ce défi par un prodige non moins terrible.

Il tira de sa poche un de ces petits cornets qui servent à se rappeler quand on est trop éparpillé à la promenade, et dont nous sommes toujours munis.

Le cri rauque de cet instrument fit merveille. Nos petits sauvages s'enfuirent à toutes jambes, en proie à une frayeur indicible, et le plus petit, beuglant et pleurant comme un veau, se laissa choir en criant merci. Il fallut aller le relever et le consoler.

Le dîner fut excellent, le café fort passable, l'hôtesse très-obligeante et très-empressée.

La promenade du lendemain fut réglée, des mesures prises pour le réveil et le départ. Puis nous descendîmes le village, chacun une lumière à la main, précaution indispensable pour la première fois dans ces rues difficiles ; et notez que nous avions trouvé de la bougie, sybarites que nous étions !

Notre rue est la plus encaissée et la plus enfouie du bourg, dans une coulisse de rochers ; d'un côté les ruines de la forteresse, de l'autre une série de petites cours ouvertes, que l'on pourrait appeler des *squares*, fermés au fond par le roc qui se relève brusquement, et par un ruisselet d'eau vive, à peu près muet en cette saison, mais grouillant et joyeux à la moindre pluie.

Les maisonnettes sont généralement disposées par trois, soudées ensemble, faisant face à deux ou trois autres toutes pareilles.

Cela fait cinq ou six familles se voyant les unes chez les autres à toutes les heures du jour, élevant ensemble marmots, poules et pigeons, tout cela s'échelonnant sur les perrons ou se groupant dans la cour commune de la façon la plus pittoresque.

Voilà donc un vrai village, non pas un village

d'opéra-comique d'autrefois, lorsque les bergères avaient des robes de satin et les moutons des rubans roses, mais un village d'opéra-comique moderne, c'est-à-dire un décor à la fois charmant et vrai, un décor de Rubé et consorts, permettant une mise en scène heureuse et naïve, des détails empruntés avec amour à la nature; du réalisme comme il faut en faire, en choisissant dans le réel ce qui vaut la peine d'être peint : une petite ogive basse sur le ruisseau, un fond dont le toit en tourelle disparaît sous les fleurs sauvages, un buisson heureusement jeté sur les décombres, que sais-je?

L'art aime et voit aujourd'hui tout ce qui est naïf, même la brouette cassée qui, avec une urne renversée, compose un tableau sur le fumier blond où le coq se promène d'un air aussi vaniteux que s'il foulait un tapis de pourpre, et où la poule gratteuse et affairée semble toujours absorbée dans la recherche de cette fameuse perle dont elle ne saurait que faire.

Sentir que tout est du ressort de l'artiste, voilà, quant à moi, tout ce que je peux entendre au mot de réalisme, arboré comme une nouveauté par les uns, et repoussé comme une hérésie par les autres.

Mais laissons les discussions littéraires. J'y reviendrai certainement, car il y a beaucoup à dire en faveur d'un certain sentiment de la réalité qui peut être trop dédaigné, et contre ce même sentiment poussé trop loin.

Continuons notre exploration.

Celle de l'appartement ne fut pas longue ; au dehors, la lune avait un si mince croissant d'argent, qu'il n'y avait pas à regarder beaucoup par la fenêtre. Tout était sombre. La porte ne fermant pas, il était bien évident que le vol était chose inconnue en ce pays.

— Que les misanthropes disent ce qu'ils voudront, qu'ils raillent amèrement ceux qui croient encore à la vie rustique ; voici, me disais-je, une porte sans loquet qui répond victorieusement. Cette maison appartient à quelqu'un qui ne l'habite pas, qui demeure à l'autre bout du village et qui y laisse un petit mobilier sous la bonne foi publique. La cour n'a aucune espèce de clôture : s'il n'y a pas un seul larron sur sept cents habitants, c'est toujours quelque chose, il faut en convenir.

Le silence de la nuit fut inouï. Pas un souffle dans l'air et pas un souffle humain ; pas un bruissement d'animal quelconque. Je croyais avoir trouvé chez nous l'idéal du silence nocturne. Mais notre silence est un vacarme à côté de celui-ci. Je ne m'en suis pas encore rendu compte.

Dans un si petit espace rempli de gens et de bêtes, vivant, pour ainsi dire, en un tas, d'où vient que rien ne bouge et ne transpire ? Avec cette nuit sombre, c'était presque solennel.

Mais à peine fit-il jour, que les coqs vinrent chanter à notre porte. Si nous ne l'eussions soutenue d'une chaise, pour nous préserver du frais de la nuit, toutes les volailles du pays seraient entrées chez nous pour nous annoncer l'approche du soleil. Et puis des voix d'enfants espiègles et rieuses chantèrent avec les oiseaux, dès que les rayons du matin dépassèrent le haut du rocher.

Je regardai la maison neuve et propre qui nous faisait face. C'est l'école communale. Fillettes et garçons arrivaient en belle humeur, et le pauvre petit instituteur, bossu comme Ésope, assis, je ne sais comment, sur son escalier en plein air, les attendait d'un air doux et mélancolique.

Nous partîmes à pied pour Châteaubrun, escortés d'un âne qui portait notre déjeuner.

Avant d'étudier plus à fond le village, je voulais montrer à mes compagnons une des ruines les plus pittoresques du pays et refaire connaissance avec tous les remarquables environs du village.

IV

Nous prîmes le plus court, par égard pour l'âne, que madame Rosalie, notre aubergiste, avait chargé comme un mulet d'Espagne. Il portait, en outre, un gamin chargé de le ramener, et l'épervier de pêche de Moreau, qui ne saurait faire un pas sans ce compagnon fidèle.

Ce chemin est insipide, comme tous les bons chemins. Il s'en va tout droit sur un plateau tout nu. Les six kilomètres en plaine nous parurent plus longs que douze en montagne.

Les entomologistes allaient devant, peu surpris de rencontrer de temps à autre le *grand Mars*, qu'ils avaient signalé dès la veille comme un hôte logique de ces régions, mais se plaignant beaucoup de l'absence de papillons et de l'aridité du sol.

Je fis la conversation avec Moreau. C'est un malin, un sceptique et un railleur; mais c'est un grand philosophe.

— J'ai eu bien du mal depuis que nous ne nous sommes vus, me dit-il. Je ne sais pas si vous vous souvenez que j'étais marié. J'ai perdu ma femme. J'étais un peu meunier et un peu ouvrier. Mais, seul du village où vous avez laissé hier votre voiture, je n'ai que mon corps et ma maison. Dans nos petits bourgs, tout le monde est propriétaire, et il n'y a point de malheureux. Moi, j'ai bien un roc... A propos, le voulez-vous, mon roc? Vous savez, vous disiez dans le temps que vous voudriez avoir un coin sur la Creuse? Je ne vous vends pas le mien; je vous le donne. Il n'y pousse que de la fougère, et je n'ai pas de quoi y nourrir un mouton. Je paye cinq sous d'imposition pour ce rocher, et voilà tout ce que j'en retire. Dame, il est grand, vous auriez de quoi y bâtir une belle maison, en dépensant d'abord une dizaine de mille francs pour tailler la roche et faire l'emplacement. Allons, vous n'en voulez pas? Vous avez raison. Je n'en veux pas non plus. Aussi il reste là bien tranquille. Y va qui veut.. c'est-à-dire qui peut!

— Comment avez-vous pu élever votre famille ? Car vous avez des enfants !

— Ils se sont élevés comme ils ont pu, un peu chez moi, un peu chez les autres. Ma fille est une belle fille, vous l'avez vue hier. Elle sait faire la cuisine et parler espagnol.

— Espagnol ?

— Oui, elle a suivi en Espagne une bourgeoise d'ici, mariée avec un monsieur de ce pays-là. Mon garçon est au service. C'est un bon enfant, bien doux, *fait à tout*, comme moi. Vous me demanderez ce que je fais, à présent ; je n'en sais rien, une chose et l'autre ; je ne peux plus travailler. Voyez : en chassant, j'ai mal tourné mon fusil ; j'ai eu la main traversée, et l'autre moitié de la charge m'a caressé la tête. On dit dans le pays qu'il ne m'y est pas resté assez de plomb. Je crois bien ! pendant quinze jours, le médecin n'a pas fait autre chose que de m'en arracher. Tous les matins, je l'entendais dire en sortant : « C'est un homme mort ! » Et moi, je me dressais sur mon lit pour lui crier, du mieux que je pouvais : « Vous dites des bêtises, je

n'en veux pas mourir, et je n'en mourrai pas. »
Après que j'en ai été revenu, j'ai recommencé à pêcher et à chasser. J'ai voulu encore un peu travailler ; mais le travail m'a porté malheur. Un maladroit m'a démis l'épaule en me jetant à faux un sac de blé du haut d'une voiture. Ça ne fait rien, je marche, je chasse et je pêche toujours. Je conduis les artistes et les voyageurs. Je sais les chemins comme personne, et je vous dirais comment sont faits tous les cailloux de la Creuse. Je fais les commissions du château et de l'auberge, j'approvisionne l'un et l'autre avec mon poisson. Je me passe de tout quand je n'ai rien ; je n'use pas les draps, je dors une heure sur douze. Je passe mes nuits dans l'eau à guetter les truites. Dans le jour, si je suis las, je fais un somme où je me trouve. Si c'est sur une pierre ou sur un banc, j'y dors aussi bien que sur la paille. Je ne me soucie point de la toilette. Fêtes et dimanches, j'ai les mêmes habits que dans la semaine, puisque je n'ai que ceux que mon corps peut porter. Je suis toujours de bonne humeur, soit qu'on me donne cinq francs ou cinquante centimes pour

mes peines. Le voyageur est toujours aimable, et, pourvu que je coure et que je cause, je suis content de m'instruire. Voilà ! Quand je ne serai plus bon à rien, ma famille s'arrangera pour me nourrir, et, si elle me laisse crever comme un chien, ce sera tant pis pour elle au dernier jugement.

Des anciens chemins périlleux par où l'on arrivait à Châteaubrun, nous ne retrouvâmes plus que l'emplacement. On y descend doucement par le plateau, et la nouvelle route qui côtoie tranquillement le précipice a ôté beaucoup de caractère à cette scène autrefois si sauvage.

La ruine est toujours grandiose. Le marquis de *notre village* l'a achetée, avec son vaste enclos, pour deux mille cinq cents francs. Il la tient fermée, et il avait bien voulu nous en confier les clefs.

Nous vîmes que ce noble lieu était moins fréquenté qu'autrefois. L'herbe haute et fleurie du préau était vierge de pas humains. Toutes choses, d'ailleurs, exactement dans le même état qu'il y a douze ans : la grande voûte d'entrée avec sa double herse, la vaste salle des gardes avec sa monumentale cheminée, le donjon formidable de cent vingt pieds de haut d'où l'on domine un des plus beaux sites de France, les geôles obscures, et cet étrange débris de la portion la plus belle et la plus moderne du manoir, le *logis* renaissance que, dans ma jeunesse, j'ai vu intact et merveilleusement frais et fleuri de sculptures, aujourd'hui troué, informe, démantelé et dressant encore dans les airs des âtres à encadrements fleuronnés d'un beau travail.

Le marquis a acheté, dit-il, cette ruine pour la préserver du vandalisme des bandes noires. Il s'y est pris un peu tard.

Telle qu'elle est, c'est un romantique débris où, au clair de la lune, on voudrait entendre l'admirable symphonie de *la Nonne sanglante* de Gounod, ou mieux encore *la Chasse infernale* de Weber.

En plein midi, cette solitude avait encore quelque chose de solennel.

Une multitude de tiercelets et de chevêches effarouchés se croisaient dans les airs, sur nos têtes, avec des milliers de martinets glapissants. C'étaient des cris aigus, des râles étranges, une agitation sauvage et des querelles inouïes.

Nous fûmes étonnés de voir des moineaux nichés effrontément au beau milieu de cette société d'oiseaux de proie, toujours en chasse par centaines autour d'eux. Cela faisait penser au petit vassal du temps passé vivant dans la caverne des seigneurs féodaux et abritant ses petites rapines sous les grandes.

Nous fûmes témoins d'un drame entre tous ces pillards.

Un pauvre scarabée, échappé, demi-mort, au large bec d'un martinet, fut happé au passage, sur le haut d'une tour, par une femelle de moineau. Survint l'époux à l'air mutin, à la moustache noire, hérissant ses plumes, faisant grand bruit et menace au martinet, qui voulait reprendre sa proie, quand survint à son tour le troisième larron, la crécerelle, attirée par la voix imprudente de ces petites gens. Elle sortit, muette et agile, du sommet d'une tour voisine, n'osa s'attaquer au martinet, qui ne paraissait pas la craindre, et se dirigea sur les moineaux d'une aile si rapide et si sûre, que tout semblait fini pour eux. Mais, s'ils ne l'avaient pas vue guetter, ils l'avaient sentie. Ils disparurent tout à coup. Le brigand tourna d'une manière sinistre autour de la crevasse où ils étaient réfugiés dans leur nid, mais l'entrée était trop petite pour qu'il y pût pénétrer. Il retourna à son guettoir. Les moineaux ressortirent aussitôt, et, plantés sur leur petit seuil, l'accablèrent d'injures et de railleries. Il revint plusieurs fois à la charge. Toujours après avoir lestement battu en retraite, ces audacieux oisillons reparurent pour le provoquer, l'insulter et le maudire.

Que lui fut-il reproché? De quelles représailles le menacèrent-ils? Il faut bien croire que quelque chose de sanglant lui fut dit, car l'oiseau de proie se lassa de les tourmenter, et, quelques moments après, nous vîmes les moineaux, pleins de gaieté, sautiller sur la muraille et picorer dans les plantes pariétaires, sans aucun souci de l'ennemi terrible, et ne manquant jamais d'adresser quelque impertinence aux martinets qui les effleuraient de leur vol, et avec lesquels, du reste, ils ne paraissent avoir qu'une guerre de gros mots.

Les véritables victimes de ces grandes hirondelles noires, aux griffes acérées, sont probablement les lézards, dont les squelettes digérés tout entiers jonchaient les ruines du donjon.

Ainsi les faibles passereaux, dont les moyens de défense seraient nuls contre tant et de si redoutables ennemis, viennent à bout d'élever leur famille au milieu d'eux et de lui enseigner encore le caquet et le sarcasme de la dispute au sein de l'éternel danger. D'où vient cela? De la supériorité d'intelligence apparemment. Michelet nous l'eût expliqué, lui qui a daigné étudier la vie des oiseaux avec presque autant d'amour et d'émotion que celle des hommes.

Nous renvoyâmes le gamin et son âne, et, après un déjeuner copieux dans les ruines, nous eûmes à descendre au fond du ravin pour retourner au village en suivant le bord de la Creuse.

Je n'avais jamais eu le loisir de faire cette marche qui est de quatre heures au moins, la plupart du temps sans chemin frayé sur le roc tranchant ou sur les pierres aiguës. Mais, malgré l'effroyable chaleur engouffrée dans les méandres de la gorge, nous ne songeâmes point à regretter d'avoir entrepris cette dure promenade.

C'est le paradis et le chaos que l'on trouve tour à tour ; c'est une suite ininterrompue de tableaux adorables ou grandioses, changeant d'aspect à chaque pas, car la rivière est fort sinueuse, et, comme en bien des endroits elle bat le rocher, il faut monter et descendre souvent, par conséquent voir de différents plans, toujours heureux, ces sites merveilleusement composés et enchaînés les uns aux autres comme une suite de rives poétiques.

La verdure était dans toute sa puissance, et, cette année-ci, elle est remarquablement vigoureuse. C'était *l'heure de l'effet*, le baisser lent et toujours splendide du soleil.

Ah! monsieur, je ne souhaite au plus méchant homme de la terre que la fatigue de cette course, et, si la vue d'une si belle nature ne le dispose pas à une religieuse bienveillance pour le monde où

Dieu nous a mis, je le trouverai assez puni de son ingratitude par la privation du bien-être moral et de la tendre admiration que ce pays inspire à qui ne s'en défend point.

C'est une douceur pénétrante, je dirais presque attendrissante, tant la physionomie de cette région est naïve et comme parée des grâces de l'enfance. C'est de la pastorale antique, c'est un chant de naïades tranquilles, une églogue fraîche et parfumée, une mélodie de Mozart, un idéal de santé morale et physique qui semble planer dans l'air, chanter dans l'eau et respirer dans les branches.

Nous traversions parfois d'étroites prairies, ombragées d'arbres superbes. Pas un brin de mousse sur leurs tiges brillantes et satinées, et dans les foins touffus pas un brin d'herbe qui ne soit fleur.

Sur une nappe de plantes fourragères d'un beau ton violet, nous marchâmes un quart d'heure dans un flot de pierreries. C'était un semis de ces insectes d'azur à reflets d'améthyste et glacés d'argent qui pullulent chez nous sur les saules et qui, de là, se laissent tomber en pluie sur les fleurs. Elles en étaient si chargées en cet endroit et elles s'harmonisaient si bien avec les tons changeants de ces petits buveurs d'ambroisie, que cela ressemblait à une fantaisie de fée ou à une illusion d'irisation dans les reflets rampants du soleil à son déclin.

Notre naturaliste n'avait que faire d'une denrée si connue en France ; mais il ne pouvait se défendre d'en remplir ses mains pour les admirer en bloc.

A propos de ces petites bêtes, il me dit tenir d'un naturaliste de ses amis que, dans un moment où ce fut la mode d'en faire des parures, on les achetait à un prix exorbitant. Nos petits bergers de la Creuse ne l'ont pas su ! Si la mode revient, il faudra le leur dire. Au prix qui a existé, de soixante à quatre-vingts francs le cent, la prairie où nous étions en contenait bien pour plusieurs millions.

V

Mais notre émail de hannetons bleus fut tout à coup traversé et bouleversé par la course effrénée d'Amyntas. Il poursuivait quelque chose avec une sorte de rage désespérée. Il disparut dans les rochers, dans les précipices ; il reparut dans les buissons, dans les halliers. Il volait avec son papillon sur les fougères. Il avait les yeux hors de la tête.

Moreau, effrayé, crut à un accès de fièvre chaude, et se mit à le poursuivre comme un chien de Terre-Neuve pour sauver son maître.

Le sage Chrysalidor suivait des yeux cette course ardente, ne songeant pas à notre ami qui risquait ses os dans les abîmes, ou tout au moins sa peau dans les trous épineux, et ne s'occupant que du papillon en fuite, le papillon merveilleux dont il croyait reconnaître l'allure et le ton. Deux fois il pâlit en le voyant échapper au filet de gaze, et s'envoler plus haut, toujours plus haut !

Enfin Amyntas poussa, de la cime du mont, un cri de triomphe, et revint, d'un trait, vers nous avec sa capture.

—Je crois que c'est *elle !* s'écria-t-il tout essoufflé. Oui, ce doit être *elle !* Voyez !

Le naturaliste et l'amateur, aussi passionnés l'un que l'autre, se regardèrent, l'un tremblant, l'autre stupéfait, et cette exclamation sortit simultanément de leurs lèvres :

— *Algira !*

Je ne suis pas de ceux qui se moquent des candides et saintes joies de la science. Je répétai avec l'intonation d'un profond respect : « Algira ! » mais sans savoir le moins du monde en quoi consistait l'importance de la découverte, et sans voir autre chose qu'un joli lépidoptère à la robe noire et rayée de gris blanchâtre, de médiocre dimension, et très-frais pour une capture au filet.

Il me fut expliqué alors qu'*algira* était originaire d'Alger, où elle est fort commune ; qu'on la trouve aussi en Italie et dans certaines régions abritées de la France méridionale, où sa chenille pullule sur le grénadier ; mais que la rencontre sur les buis, au centre de la France, était un fait inouï, renversant toutes les notions acquises jusqu'à ce jour et donnant un démenti formel aux meilleurs catalogues.

Nous étions à peine revenus de cette surprise, qu'une nouvelle capture poussa jusqu'à l'enthousiasme l'émotion de nos lépidoptéristes.

Cette fois, Chrysalidor faillit sortir de son caractère, et ses lèvres frémissantes invoquèrent le nom de l'Éternel sous la forme d'un jurement énergique à demi articulé ; mais il s'interrompit en souriant, demanda pardon de sa vivacité, et, reprenant son air doux et modeste :

— J'en étais bien sûr, dit-il, que nous trouverions ici des choses étonnantes ! C'est *gordius*, mes amis, c'est *gordius !* le polyommate des régions méridionales ! Faites donc des catalogues après cela, et comprenez donc quelque chose aux arcanes de la nature !

Au fait, il y a là un mystère. Les papillons ne sont

pas voyageurs. Ils ne franchissent pas les terres et les mers comme les oiseaux de passage. Ils s'accouplent, pondent et meurent là où ils sont élevés, une première fois à l'état de chenille, une seconde fois à l'état d'insecte parfait. Ceux-ci n'avaient donc pas traversé la France; ils étaient originaires de ce coin de rochers, où un accident fortuit de configuration et d'insolation leur procure, dans un très-petit espace, le climat nécessaire à leur existence.

Je dis dans un très-petit espace et crois pouvoir le dire, parce que, dans une promenade ultérieure, en suivant, pendant cinq lieues environ, cette même dentelure de la Creuse, nos amateurs ne virent voler ces lépidoptères méridionaux qu'en un certain coude, remarquablement abrité, où la chaleur était véritablement accablante.

Mais que le rayon habité par ces hôtes étrangers ait un ou plusieurs kilomètres d'étendue, le fait de leur existence au centre de la France n'en est pas moins fort curieux. C'est un peu comme si on rencontrait des gazelles ou des antilopes dans la forêt des Ardennes, par la seule raison, je suppose, qu'une des vallées de cette forêt serait assez expo-ée au soleil pour leur avoir permis d'y rester depuis les âges primitifs, où l'on sait qu'ils y vivaient dans d'autres conditions atmosphériques que celles d'aujourd'hui.

Donc, gordius, algira et plusieurs coléoptères non moins étranges, qui furent trouvés ensuite au même lieu, sont bien originaires de ce coin de rochers et s'y reproduisent depuis que le monde a produit leur race, avant l'homme, aux jours d'enfantement de la création.

Cela ne prouve qu'une chose, c'est qu'aussitôt que les conditions d'existence des différents êtres ont été établies sur le globe, les êtres capables de peupler ce milieu s'y sont développés et fixés, quelle que fût la latitude. Mais le problème, c'est de découvrir en quoi consistent toutes ces conditions d'existence, et principalement les conditions d'alimentation de ces bestioles, si obstinément attachées, pour la plupart, à se nourrir chacune d'une certaine plante, qu'il est souvent impossible d'élever des chenilles transportées d'un lieu à un autre.

C'est toute une science pratique que l'élevage des chenilles, et certaines éducations font le désespoir des entomologistes. Pourtant, ici, si le climat se rapproche de celui de l'Afrique et de la Provence, la flore en diffère à beaucoup d'égards. Par exemple, pour algira, je ne vois pas dans ces régions, et je cherche en vain dans la *Flore centrale* de Boireau (l'ouvrage le plus complet et le plus consciencieux possible) le moindre analogue avec le grenadier.

Ces êtres non domesticables, que l'on croit invariablement soumis aux lois générales et inflexibles de l'instinct, sont donc susceptibles de modifier le premier de tous les instincts, celui de l'alimentation, en raison des ressources que leur offre le milieu où ils se trouvent. Gordius doit vivre sur les bruyères, et pourtant il n'y a pas de bruyères dans la région où nous l'avons rencontré.

Que mangent donc ici les chenilles d'algira et de gordius? Grande question de nos entomologistes; question qui fait rire au premier abord, mais qui se rattache à une question fondamentale en histoire naturelle et même en philosophie : à savoir si certains animaux obéissent aveuglément à des nécessités fatales, ou s'ils ont, dans la mesure de leurs besoins, le discernement raisonné qu'on leur refuse. Moi, je penche pour la dernière hypothèse.

Et, puisque nous sommes en Creuse, demandons-nous pourquoi le saumon quitte les eaux salées pour venir déposer sa progéniture dans les eaux douces. Lui qui est un grand voyageur, fait-il deux ou trois cents lieues contre le courant, dans les méandres et dans les obstacles des fleuves et des rivières torrentueuses, sans savoir où il va, sans avoir un projet, un but, une volonté, par conséquent une idée ? Allons donc ! Raconte-nous, ô algira ! l'histoire de la petite tribu oubliée dans les grandes crises de l'atmosphère terrestre, sur le petit rocher où te voici. Dis-nous quelle myrtacée a fleuri autour du berceau de tes ancêtres ; si là, dans quelque roche inaccessible, végète encore la plante nourricière, aussi peu soupçonnée des statisticiens de la flore centrale, que tu l'étais toi-même de ceux de la faune entomologique il n'y a qu'un instant !

Je crains de trop m'éloigner de *mon village*. Mais

il s'agit de description, et je ne peux pas tout à fait isoler le tableau de son cadre.

Qu'on prenne donc note de ceci, que mon village est situé dans une région aussi chaude que les rives de la Méditerranée, et qu'il pourrait devenir, si quelqu'un daignait découvrir son existence et faire l'étude attentive et scientifique de sa température, aussi achalandé de malades que Nice, Pise, Hyères ou la Spezzia.

Cela arrivera, je le parie, car tout se découvre et s'exploite au temps où nous vivons ; on fera des routes dans les escaliers de rochers ; deux lieues de chemin de fer pour embrancher mon village à Argenton : ce n'est qu'une plaisanterie quand on le voudra. Ce voyage sera plus économique de temps et d'argent que celui d'Italie. On bâtira des villas à la place des chaumières. Quelque ingénieux docteur, frappé de la beauté des dents indigènes, et informé des cas fréquents de longévité, découvrira, dans la qualité de ces eaux courantes qui jaillissent de toutes parts, et dans la pureté de cette atmosphère qui refuse la mousse aux arbres et le lierre aux rochers, des conditions essentielles de guérison pour les victimes des brouillards de Paris ; et voilà un pays transformé en un clin d'œil !

En attendant que la mode étende son sceptre sur ces agrestes solitudes, je me garde bien de nommer le village en question : je l'appelle sans façon *mon village*, comme on dit *ma trouvaille* ou *mon rêve*. Il me semble qu'il ne sera plus *mien* dès que j'aurai trahi son nom. Il le faudra pourtant, mais à la fin de mon récit, et quand je l'aurai fait aimer un peu, si j'en viens à bout.

Tant il y a qu'en y revenant, le long de la Creuse, à travers des éblouissements de paysages délicieux embrasés de soleil rouge et coupés de verdures splendides, je songeais en égoïste à cette découverte d'algira et de gordius. La présence de ces beaux petits frileux (gordius est tout en or chaud teinté de bronze florentin) me faisait faire ce raisonnement bien simple : la vigne gèle en Toscane au 1er mai. En avril, des humains gèlent, faute de feu, de bois et de cheminées, à Frascati et à Tivoli. La moindre chaumière de *** (mon village) est mieux chauffée que la plupart des palais d'Italie. Majorque (latitude de la Calabre) est l'endroit de la terre, à moi connu, où j'ai eu le plus froid et où j'ai vu les pluies les plus intarissables en hiver. Et, là, beaucoup moins de cheminées qu'en Italie ! Les vitres aux fenêtres sont objets de luxe.

Pour fuir l'hiver, il est donc souvent fort inutile de faire beaucoup de chemin, de s'embarquer et de perdre quinze jours en déplacements et en déceptions, surtout quand on a sous la main des oasis où, avec très-peu de temps, de dépense et d'industrie, on pourrait, à tout instant, trouver un nid propre et tranquille, des promenades charmantes, se réchauffer et se refaire, se forcer soi-même à prendre un exercice vivifiant sans rompre avec ses habitudes de travail et ses devoirs de famille, enfin sans cesser de vivre à un certain point de vue prohibé en Italie et en Espagne ; et notez bien qu'il n'est guère de localités civilisées en France qui n'aient leur petit Éden sauvage, leur Suisse en miniature, voire leur coin d'Italie et d'Espagne, aussi beau et mieux exposé que ne le sont les trois quarts de ces péninsules fameuses.

Pourtant ces heureux et riches accidents de terrain sont souvent déserts. Aucun voyageur ne daigne y porter ses pas ; et ce sont, la plupart du temps, des Anglais qui les découvrent.

— J'y songeais aussi précisément, me dit Amyntas, à qui je communiquais ces réflexions en rentrant au village, et je me suis rappelé notre conversation dans le ravin de Marino. Depuis cette promenade autour de Frascati, nous avons vu ensemble de bien belles choses, plus grandes, plus bizarres que celles d'ici ; je suis bien content de les avoir vues, mais je n'éprouve pas le besoin de les revoir; tandis que la facilité de venir ici me donne le plus grand désir d'y revenir souvent. On dit qu'il faut payer la jouissance des voyages par d'inévitables fatigues et de nombreuses contrariétés. Eh bien, s'il en est ainsi, si c'est une loi générale d'acheter cher le plaisir de l'admiration, ce pays-ci est vraiment trop beau pour être si près, si facile à aborder, si hospitalier et si rempli de bien-être.

C'était aussi l'avis de notre naturaliste. Il regrettait d'être forcé de partir le lendemain. Il n'avait jamais rencontré un pays si suave et si sympathique. Il rêvait d'y revenir avec nous l'année prochaine.

Nous rêvions, nous autres qui ne sommes pas forcés de vivre à Paris, de nous arranger un pied-à-terre au village. La maisonnette où nous avions dormi était à vendre pour ce prix modeste de cinq cents à mille francs dont on nous avait parlé. Amyntas la voulait pour lui. Moi, j'avais envie de la maisonnette renaissance.

Tout se passa en projets ce jour-là.

VI

Le lendemain, il faisait encore plus chaud. Nous devions ramener notre naturaliste chez nous afin de l'embarquer pour Paris, où ses affaires le rappelaient impérieusement. On s'arrachait au village à grand regret.

Nous fîmes encore deux lieues dans l'eau et les rochers, pour explorer le cours du torrent qui descend au bas du village et qui lui donne son nom.

C'est une toute petite gorge couverte de bois charmants et toute hérissée de rochers superbes. La marche est dure dans cette déchirure tourmentée en zigzags ; mais, à chaque pas, il y a un tableau délicieux de fraîcheur et de sauvagerie.

Nous fîmes halte dans un joli moulin, où la meunière, aimable et avenante, avec un air de candeur qui ne gâtait rien, nous servit du lait et du beurre exquis, pendant que nous bercions son nouveau-né dans le plus joli berceau rustique qui se puisse imaginer, une vraie petite crèche en bois, suspendue par deux anneaux à un double pied. Le marmot est au ras de sa couche, mais protégé par des lanières de laine bleue artistement agencées pour le retenir sans le gêner pendant qu'on le balance à grande volée. Les berceaux, les armoires et les crédences sont encore, dans la demeure de beaucoup de ces paysans, des meubles très-anciens et très-remarquables.

Avant de quitter l'oasis que notre éminent historien M. Raynal appelle avec raison le *Highland* du Berry, nous donnâmes grande attention aux figures, soit dans le village, soit sur les chemins et dans les hameaux environnants.

La physionomie humaine est là aussi explicite que le climat et la végétation; elle respire une aménité particulière, avec une dignité tranquille. Le paysan n'a pas le salut banal de certaines autres localités du Berry. Mais, dès qu'il est prévenu, il répond avec une dignité douce. Il doit être fin, puisqu'il est paysan, mais il n'est pas sournois. Son tempérament est sec et sain, sa démarche plus d'aplomb et moins lourde que celle des gens de nos plaines.

Les enfants sont admirables, et presque toutes les jeunes filles jolies ou gracieuses. Parmi ces dernières, deux types très-distincts nous frappèrent : la blonde, fine, svelte, avec des yeux bleus d'une limpidité et d'une mélancolie particulières ; la brune, plus forte, très-accentuée, d'un ton pâle et uni vraiment magnifique, avec des yeux espagnols bistrés en dessous et ombragés de longs cils, l'air sérieux, même en riant. Toutes, quand elles rient, brunes et blondes, montrent des dents extraordinairement jolies et finement plantées dans des gencives roses. Les laides ont encore la bouche belle et l'œil pur, et ceci est propre aux deux sexes, bien que, comme dans d'autres portions du Berry, le masculin nous ait paru le moins bien partagé.

Du reste, là comme ailleurs, la beauté des paysannes passe vite dans les fatigues de la maternité jointes à celles du ménage. Dans nos plaines, elles devraient se conserver mieux, car elles n'ont pas de travail en dehors de la maison, si ce n'est de garder au soleil quelques chèvres et moutons en pays plat. Celles du *haut pays de bas Berry* nous ont paru beaucoup plus actives et plus fortes, portant de lourds fardeaux dans les rudes montées, ramenant hardiment leurs troupeaux à cheval dans les sentiers des plateaux, ou gravissant, à pied, comme des chèvres, les talus escarpés de la Creuse.

Le gros bétail nous a paru très-beau et abondant. Chez nous, le ménageot ne se permet que la chèvre et l'*ouaille*; au bord de la Creuse, toute famille a plusieurs vaches, plusieurs ânes et un ou deux chevaux ou mulets. Le pays le veut, disent-ils; on ne peut faire la récolte qu'à dos de bête sommière. Cela prouve qu'ils ont tous des récoltes à faire. Les vaches sont remarquablement jolies, petites, mais propres et luisantes comme des vaches suisses. On n'entretient pas sur elles, avec amour, cette affreuse culotte de croûte de fumier que, chez nous, on croit nécessaire à leur santé.

On achevait alors la récolte des foins, à peine commencée chez nous. Les blés étaient jaunes et dorés quand les nôtres ne faisaient que blondir.

La fenaison avait un tout autre aspect que dans nos prairies. Au lieu de ces énormes bœufs magnifiquement attelés à de monumentales charrettes, et traînant avec une lenteur imposante de véritables montagnes de fourrage dans de grands chemins verts, on ne voyait que chevaux maigres et agiles, mulets et baudets vigoureux, portant sur leur dos des charges très-artistement serrées en bottes tordues, et descendant avec une adresse incroyable des sentiers rapides. La moindre petite ânesse porte ainsi dix fois par jour trois cents kilos et ne bronche jamais.

Le conducteur a fort à faire. Au lieu de trôner nonchalamment sur le haut de son char, il faut qu'il accompagne et soutienne chaque bête dans les passages difficiles. Le chargeur et le botteleur ne sont pas moins affairés. Il faut plus de science pour établir solidement une charge si fuyante sur des cacolets qui garnissent toute la largeur des étroits passages, que pour l'étaler en larges couches sur une large voiture à qui la plaine fait large place. Aussi on va vite, on cause peu, on ne perd pas le temps en raisonnements à perte de vue, le bras passé dans sa fourche, un sabot planté sur l'autre, pendant que les nuages montent et que la pluie se hâte. On a moins d'éloquence et de majesté ; on a plus de vie et de feu, on est moins orateur, mais on est plus homme.

On est aussi plus industrieux et plus artiste.

Toutes les bâtisses sont jolies ; la menuiserie est belle, et les intérieurs annoncent du goût.

Enfin, un détail nous prouva que cette petite population était riche et indépendante.

Madame Rosalie, notre éminente cuisinière, nous avait préparé, pour le second jour, un dîner d'une abondance insensée : nous étions las d'être à table. Nous demandions qu'on fît nos lits ; nous étions fatigués. Il fut impossible de trouver une *femme de peine* pour les faire. Excepté au château, il n'y a pas de servantes dans le village ; et, comme nous admirions le fait, notre hôtesse nous dit sur un ton de désespoir fort plaisant :

— Hélas ! que voulez-vous, ils sont tous heureux ici ! Ils n'ont pas besoin de *gagner !*

Terre de Cocagne, adieu, et au revoir bientôt, j'espère.

Ici, lecteur, si vous le permettez, je me servirai de notre journal ; car, dès notre féconde excursion à G..., nous tînmes note de chaque chose.

VII

Nohant, 7 juillet.

Maurice, arrivé d'avant-hier, a la tête montée par les récits d'Amyntas. Je découvre qu'il se rappelle fort peu notre village. Il n'y a passé qu'une seule fois, il y a douze ans, et vite, la pluie au dos.

Il a vu à Paris M. Depuizet (notre Chrysalidor), qui lui a parlé avec enthousiasme de notre promenade et des captures entomologiques d'Amyntas.

Voici donc la passion du lépidoptère qui se rallume chez lui. Il ne croira, je pense, à ces captures merveilleuses que quand il les aura faites lui-même. Il paraît, au reste, que le célèbre M. Boisduval, lequel en a été informé tout de suite, n'en est pas moins surpris que nous. Rapport en sera fait à la Société entomologique de France, dont ces messieurs ont l'honneur d'être membres.

Ainsi nos jeunes savants ont fait leur découverte. Ai-je fait la mienne ? Ai-je réellement rencontré un village typique, un petit champ d'observations particulières, se rattachant assez à la vie générale ? Il faut le revoir. Nous y retournerons demain.

On a beaucoup discuté une question fort simple que j'appellerai, si l'on veut, *le secret de la chaumière*.

Tout artiste aimant la campagne a rêvé de finir ses jours dans les conditions d'une vie simplifiée jusqu'à l'existence pastorale, et tout homme du monde se piquant d'esprit pratique a raillé le rêve du poëte et méprisé l'idéal champêtre. Pourtant il y a une mystérieuse attraction dans cet idéal, et l'on pourrait classer le genre humain en deux types : celui qui, dans ses aspirations favorites, se bâtit des palais, et celui qui se bâtit des chaumières.

Quand je dis *chaumière*, c'est pour me conformer à la langue classique. Le chaume est un mythe à présent, même dans notre bas Berry. On ne s'en sert plus que pour les petits hangars et appentis provisoires : la tuile ne coûte guère plus cher aujourd'hui, dure davantage, est moins exposée à l'incendie, et n'engendre pas des populations d'insectes nuisibles.

La police rurale a donc très-bien fait d'interdire l'usage du chaume pour la couverture des nouvelles constructions. Les peintres seuls s'en plaindront et les littérateurs aussi ; car une chaumière, cela se voit d'un mot ; cela exprime et résume toute la vie rustique, toute la poésie du hameau. Le *cottage* n'est pas la chaumière, c'est un faux bonhomme, un fastueux mal déguisé. La maison et la maisonnette sont des désignations trop générales qui s'appliquent à des chalets aussi bien qu'à des villas.

On aura beau se moquer de la vieille chaumière des ballades et romances, on ne comprendra pas de quoi il est question pour une maison de paysan, tant que l'on n'aura pas trouvé un nouveau nom pour la chaumière sans chaume.

Va pour chaumière ! Trouverai-je mon idéal dans ce village ? Non, un idéal, cela ne se trouve nulle part.

Combien j'ai salué, en passant, de ces chaumières

décevantes dans des sites séduisants ! combien j'en ai dessiné dans ma tête, enfouies dans des solitudes à ma fantaisie ! Je n'avais jamais songé à les placer dans un village. Aussi, je ne les plaçais nulle part; car, pour vivre au sein d'un désert, il faut la force d'un anachorète ou la fortune d'un prince. N'ayant ni l'une ni l'autre, je ferai, je crois, aussi bien de m'en tenir à quelques observations sur la vie de paroisse. Elle doit avoir de grands charmes et de terribles inconvénients !

Connaissons les inconvénients et sachons s'ils sont compensés par les charmes. S'il n'en est rien, nous rêverons encore la chaumière, car nous ne pouvons pas venir à bout de vieillir à nos fantaisies, mais nous les rêverons dans d'autres conditions.

Nous aurons gagné à cette étude de connaître à fond un petit coin de ce monde réel que quelques amis nous ont reproché de voir en beau. Comme si c'était notre faute ! Nous serons plus réaliste, puisqu'il paraît que nous ne l'avons pas toujours été assez. Pourquoi non ? On comprend tous les jours, je ne dirai pas quelque chose, mais beaucoup de choses.

Le fait est que, dans notre situation présente, nous pouvons très-bien connaître la couleur et le dessin de la vie rustique, sans pouvoir peut-être pénétrer assez avant dans la vie morale du paysan. Il se farde peut-être un peu devant nous, le rusé qu'il est ! Nous ne dormons pas sous son toit, nous ne vivons pas avec lui côte à côte à toutes les heures du jour. Il a son travail, nous avons le nôtre. Quand nous nous rencontrons, il a souvent des habits et sa belle humeur du dimanche; ou bien, dans la semaine, avec son sarrau de toile sur le dos et sa pioche à la main, il prend ce grand air sérieux et rêveur qui lui vient toujours quand il regarde la terre. Chez lui, en famille, il est peut-être l'horrible scélérat qui, en d'autres contrées, a frappé les yeux de notre grand Balzac et de plusieurs autres romanciers énergiques.

J'ai cependant bien de la peine à croire qu'il en soit ainsi partout et même qu'il y ait une campagne où l'*homme de campagne* soit si pervers et si malin. J'ai vu, partout où j'ai passé, l'ingénuité de l'enfant chez ces hommes qui ne sont jamais que des enfants à barbe noire ou blanche. L'enfant aussi est un grand diplomate quand il s'agit de se faire gâter; mais ses finesses sont *cousues de fil blanc*, on y cède sans en être dupe.

Enfin, j'ai toujours vécu optimiste en principe et pas plus abusé qu'un autre en pratique; je crois savoir, peut-être plus que bien d'autres, que la misère est mariée avec la paresse, c'est-à-dire avec l'ennui et le découragement; que l'ambition du mieux, dans les conditions difficiles, est fiancée avec l'astuce et l'égoïsme; mais, si je regarde la classe industrielle riche ou pauvre, la caste nobiliaire progressive ou retardataire, la classe artiste aspirante ou parvenue; si j'examine enfin toutes les classes de la société, j'y vois les mêmes qualités et les mêmes vices que chez le paysan. Seulement, chez les gens *éduqués*, les qualités sont plus habiles à se faire valoir et les vices plus habiles à se cacher. C'est donc parce que ce sournois de paysan est maladroit dans ses ruses et très-facile à pénétrer, qu'il serait considéré comme le type de la fausseté? J'aurais cru justement tout le contraire.

Je lisais dernièrement dans une critique, très-juste à beaucoup d'égards, mais trop ardente pour l'être toujours, que la Muse était en général trop aristocratique, et que, pour être un vrai peintre, il fallait consentir, comme le paysan, à mettre ses mains dans le fumier.

Je relus trois fois la phrase; ce n'était pas une métaphore, mais c'était une erreur. Le paysan ne met pas ses mains dans le fumier. Il n'y touche qu'avec des outils à long manche. Il est quatre fois plus dégoûté qu'il n'est utile de l'être. Il fait beaucoup plus de bruit à sa ménagère pour une chenille dans sa salade que nous à nos domestiques. Il ne boit pas comme nous à la première source venue. Il ne touche pas à une bête malade sans de grandes craintes et de grandes précautions. Les insectes des champs lui font souvent peur ou lui répugnent. Il a une foule de préjugés qui font qu'il s'abstient de tout contact avec une foule de choses que nous bravons, parce que nous les savons inoffensives.

Il y a des exceptions, des paysans malpropres;

tous les goûts, même les goûts immondes, sont dans la nature. Mais, chez nous, je pourrais compter ces exceptions.

La villageoise se fait gloire de sa propreté scrupuleuse. Entrez dans quelque *chaumière* que ce soit, elle ne vous présentera rien sans l'avoir, avec ostentation, rincé, essuyé, épousseté devant vous. A de meilleures tables, vous n'êtes pas toujours certain de pouvoir vous fier à tant de conscience. Cette conscience est une loi de savoir-vivre chez le paysan. Le grand essuyage de la table, et le grand lavage des *vaisseaux* en présence de l'hôte, est une indispensable politesse. Si cet hôte est un paysan, il se trouvera choqué et boira avec méfiance pour peu qu'on y manque.

Si les *réalistes* voient parfois le paysan plus grossier qu'il ne l'est *réellement,* il est certain que les idéalistes l'ont parfois quintessencié. Mais quelle est cette prétention de le voir sous un jour exclusif et de le définir comme un échantillon d'histoire naturelle, comme une pierre, comme un insecte ?

Le paysan offre autant de caractères variés et

d'esprits divers que tout autre *genre* ou *tribu* de la race humaine. Ce n'est pas un troupeau de moutons, et se vanter de connaître à fond le paysan, c'est se vanter de connaître à fond le cœur humain ; ce qui n'est pas une modeste affirmation.

Il y a, j'en conviens, un grand air de famille qui provient de l'uniformité d'éducation et d'occupations. L'air simple et malin en même temps, la prudence et la lenteur des idées et des résolutions, voilà le cachet général.

Ces hommes des champs sont-ils meilleurs ou pires que ceux des villes ? Je n'ai jamais prétendu qu'ils fussent des bergers de Théocrite, des continuateurs de l'âge d'or ; mais je vois et crois savoir que, dans la vraie campagne, au delà des banlieues et dans la véritable vie des champs, il y a moins de causes de corruption qu'ailleurs.

Donc, j'aime ce milieu, cette innocence relative, ces grands enfants qui veulent faire les malins et qui sont plus candides que moi, puisque je les vois venir, et même *avec leurs gros sabots,* comme dit le proverbe.

Le Berry est-il une oasis où les grands vices n'ont pas encore pénétré? Peut-être. Mon amour-propre de localité veut bien se le persuader.

Pourtant je vois que les esprits inquiets de chez nous — il y en a partout — se plaignent du paysan avec amertume, et je vois que les esprits réalistes — il y en a aussi chez nous — sont frappés du côté rude et chagrinant de la vie paysanne. Je veux bien m'en plaindre aussi pour mon compte. Je sens à toute heure, entre ces natures méfiantes et mes besoins d'initiative, une barrière que je dois souvent renoncer à franchir, dans leur propre intérêt, vu qu'ils feraient fort mal ce qu'ils ne comprennent pas bien. Mais, de ce que ces hommes sont autres que moi, ai-je sujet de les haïr et de les mépriser?

J'entendais l'un d'eux dire à un monsieur qui le traitait de *bête* parce qu'il s'obstinait dans son idée:

— On a le droit d'être bête, si on veut.

Parole profonde dans sa niaiserie apparente. Toute âme humaine sent qu'elle ne doit pas aller en avant sans avoir acquis sa pleine conviction, et il me semble qu'il y a un fonds de grande sagesse à être ainsi. On pourra compter beaucoup sur l'homme qui aura franchi avec réflexion ses propres doutes.

Voici ce que dit sur le paysan berruyer le très-grave et très-excellent historien M. Louis Raynal, premier avocat général à la cour royale de Bourges en 1845 ; notez ce titre, qui exclut l'idée d'une candeur trop enfantine et d'une inexpérience trop romanesque :

« Ces populations, auxquelles manquent, il faut en convenir, un certain éclat et une certaine vivacité d'intelligence, sont *généralement, sous le rapport moral, dignes d'une haute estime.* Sans doute, les progrès du temps, qui n'amène pas toujours des perfectionnements sans mélange, n'ont pas assez complétement respecté leur moralité et leurs croyances. Mais il reste encore, *surtout dans nos campagnes, un fonds remarquable de probité et de loyauté.* Des esprits chagrins le nient, soit pour exalter le passé au préjudice du présent, soit parce que les intérêts établissent trop souvent, entre la classe qui possède le sol et celle qui l'exploite, une sorte de rivalité malveillante. Mais ne calomnions pas notre temps et notre pays. Combien n'existe-t-il pas encore dans les *domaines* du Berry de familles vraiment patriarcales ? Ne confie-t-on pas tous les jours à nos paysans de riches troupeaux à vendre au loin, des marchés importants à conclure, sans que le maître puisse exercer de surveillance ? Et citerait-on beaucoup d'exemples que cette confiance ait été trompée ? »

Digne magistrat, je ne vous le fais pas dire, et vous n'écriviez pas ceci pour les besoins de la cause, car votre grand ouvrage est l'œuvre d'une haute impartialité. Je me rassure en vous lisant, car j'ai été taxé souvent de bienveillance aveugle et de point de vue trop *florianesque*. Je ne tiens pas à m'en disculper, ne prenant pas le reproche pour une injure, tant s'en faut. Mais, si le doute fût entré dans mon cœur, j'en eusse été bien attristé. Je ne sais rien de plus amer que de mépriser mon semblable.

Sortons donc, allons au jour, au chemin, aux champs, au village.

Tranquille vallée, je te remercie d'avoir résumé pour moi l'antique inscription qu'on lisait encore, en 1815, sur un pilier de la porte d'Auron, à Bourges :

INGREDERE. QUISQUIS

MORUM. CANDOREM

AFFABILITATEM

ET. SINCERAM. RELIGIONEM. AMAS

REGREDI. NESCIES.

Entrez, vous qui aimez la candeur, l'affabilité dans les mœurs et la piété sincère. Vous ne saurez plus vous éloigner.

Et nous, ne nous inquiétons plus de ceux qui nous crient : « Vous vous trompez, tout est mal ! » Cela ne prouve qu'une chose, c'est que, des choses humaines, ils ne voient que les mauvaises. Allons-nous-en par les prés et par les sentes, sans parti pris d'avance, mais avec le cœur aussi ouvert que les yeux.

Nous ne sommes pas fâché de pouvoir, une fois de plus, surprendre l'homme des champs dans sa tâche et le tableau dans son cadre, les grands bœufs dans les herbes et les petites fleurs dans le *riot qui riolé*, sans être forcé de nous dire que cet homme est un scélérat, ce tableau une vision, ces bœufs des alambics à fumier, ces fleurettes des poisons et ce ruisselet une sentine d'immondices.

D'autres peuvent prendre le réel par ce côté âpre et triste, et avoir du talent pour le peindre. Mais ce qui me plaît et me charme dans la réalité est tout aussi réel que ce qui pourrait m'y choquer. On voit souvent sur les fenêtres, dans les faubourgs des petites villes, de beaux œillets fleurir dans des vases étranges. Le vase fait rire, l'œillet n'en est pas moins beau et parfumé. Ils sont aussi réels l'un que l'autre. J'aime mieux l'œillet. Chacun son goût.

VIII

8 juillet.

Nous sommes en route en plein midi. La chaleur est tombée. Il fait même très-froid en voiture découverte, à cinq heures. L'orage d'avant-hier nous fait espérer de ne pas trouver *notre Afrique* trop *réelle*, cette fois.

Nous sommes quatre, car nous avons entraîné à notre promenade notre jeune et chère ***, une artiste adorable qui est aussi de la famille à présent, et qui veut avoir son nom entomologique comme les autres. Blanche et blonde, elle a droit au nom d'*Herminea*, d'autant plus que cette belle *notodontide*, s'étant posée sur sa robe, a été, par sa fraîcheur, jugée digne de servir d'individu dans la collection.

Il fallait bien que Maurice eût aussi son surnom, emprunté à ses plus récentes préoccupations. Il s'appellera Parthénias jusqu'à nouvel ordre ; car ces noms recherchés ont la facilité de changer tous les ans, selon la recherche dominante de la saison des courses.

J'aurais bien eu le droit d'en prendre un aussi, car j'avais *cueilli* sur une fleur, à la dernière excursion, la variété de la zygène du trèfle *aux taches réunies*, et j'avais eu une mention honorable. Mais je pensai que la modestie me faisait un devoir de ne pas exploiter une capture toute fortuite, et dont je n'avais pas assez senti l'importance.

Nous avions cinq heures de route.

Nous voici, direz-vous, bien loin de notre village. Mais non ; nous y arrivons.

Parthénias se reconnaît, Herminea se récrie, Amyntas trouve le site encore plus joli que la première fois. Mais la jeune voyageuse a la migraine ; elle s'endort. Les deux naturalistes descendent au lit de la Creuse. Je m'en vas flânant ou plutôt flairant par le village. Je cherche la réalité triste et chagrine de très-bonne foi : est-ce ma faute ? je ne puis la trouver là.

Sur tous les escaliers sont groupées les jolies filles ou les bonnes femmes, qui me regardent avec de bons ou beaux yeux, et qui sourient, attendant que je les prévienne. J'aime cette discrétion ou cette fierté. Je fais les avances : étranger, c'est mon devoir. La réponse est prompte, très-familière, mais vraiment bienveillante.

On parle très-bien ici, encore mieux que dans la vallée Noire, ce qui n'est pas peu dire. Plus nous touchons à la limite de notre langue d'*oil*, plus le langage s'épure, plus l'accent s'efface. J'aurais cru le contraire, mais c'est ainsi. Ici, point de *j'avons*, *j'allons*, etc., à la première personne. Pas plus que chez nous on ne fait cette faute grossière.

On se sert même ici de mots qui sentent la civilisation et qui dépassent le vocabulaire à moi connu du bas Berry. On dit *énorme*, *immense*, ce qui paraît singulier dans ces bouches rustiques. Sylvain, notre cocher berrichon, croit qu'on se sert de mots latins et ouvre de grands yeux. Le seul mot patois qui se glisse dans la conversation quelquefois, c'est *ie* pour *elle*.

Les femmes d'ici sont très-supérieures en caquet facile ou sensé à celles de chez nous, mais elles ont moins de retenue.

Tout en causant, j'apprends une particularité. Elles travaillent beaucoup plus que les hommes, et se piquent d'être plus actives, plus courageuses et plus avisées. Elles se plaignent de la fatigue, mais elles s'en prennent au rocher, et non au père ou au mari, qui me paraît être l'enfant gâté de chaque maison.

Comme chez nous, la maternité est très-tendre ; de plus, les femmes sont orgueilleuses de la beauté de leurs enfants, et chacune va chercher le sien pour vous le montrer.

J'en regarde un tout seul de l'autre côté de la rue. Il est fort barbouillé, ce qui ne l'empêche pas d'avoir une tête d'ange. C'est un ange qui a mangé des guignes, voilà tout ; et pourquoi pas ?

Je m'approche pour l'admirer, une belle femme s'avance sur le perron et me crie d'un air brusque et charmant :

— Il est à moi, celui-là. Il n'est pas plus mal *bâti* qu'un autre, *hein ?*

Bâti n'est pas le mot dont elle se servit; elle jura bel et bien, mais d'une voix douce et avec l'aisance triomphante d'une reine à qui tout est permis. Réalité, tu ne me gênes pas !

Du haut d'un chemin rocheux qui s'en va, comme il peut, rejoindre la grande route, on embrasse tout le village. De quelque côté qu'on le regarde, il est charmant, ce village privilégié.

Les collines qui l'enserrent ont des formes suaves ; ses masses de verdure sont bien disposées, ses rochers ont, de loin, ce beau ton lilas qui est particulier aux micaschistes des bords de la Creuse, couleur tendre qui se forme, je ne sais comment, de plusieurs tons sombres.

Mystères de la couleur, les vrais peintres vous saisissent et vous constatent, mais ils ne vous expliquent pas. Quel artiste a jamais connu le secret de son art? C'est par le sentiment que la révélation lui arrive, mais le sentiment ne s'explique pas par des raisonnements.

Je redescends au village par un autre chemin. Je vais revoir la maison renaissance, j'en suis épris;

deux vieilles sœurs l'habitent, deux paysannes très-pauvres.

Elles ne sont nullement étonnées de mon attention; elles m'invitent à entrer, elles savent que leur maison est intéressante; elles ne sourient pas dédaigneusement, comme on fait chez nous, quand l'artiste s'arrête pour regarder avec amour un vieux mur. Elles voient souvent des peintres, elles savent que *ce qui est ancien est beau*. C'est ainsi qu'elles s'expriment.

Elles savent aussi que nous sommes tentés de l'acquisition d'une chaumière; mais elles ne se soucient pas de vendre, et, moi, je ne me sens pas assez capitaliste pour faire réparer cette ruine.

Je fais le tour du village, et j'interroge chacun. Tout le monde est enchanté de mon idée. On m'accueille comme si j'avais déjà droit de bourgeoisie; on m'invite à rester, on m'offre bonne amitié et on me promet bon voisinage; mais, quand il s'agit de quitter son toit pour me le céder, on secoue la tête:

— Vendre sa maison! est-ce qu'on vend sa maison!

Je ne peux me défendre d'être touché de ce sentiment qui se manifeste avec une austérité antique. J'offrirais en vain de quoi faire bâtir une belle et bonne maison à la place de la masure qui s'écroule ; ce ne serait pas celle où l'on a vécu et où l'on veut mourir. Fussé-je assez riche pour m'obstiner dans ma fantaisie, car je sais bien qu'à prix d'argent on arrive à triompher de tout, je ne me sentirais pas le courage d'insister pour vaincre cette sainte répugnance.

Je constate encore une particularité. Tout le monde, ici, est *monsieur* ou *madame*. Chez nous, ces dénominations aristocratiques sont tout à fait inconnues, et si, on appelle le paysan *monsieur*, il croit qu'on le raille et il vous reprend. Ici, on vous reprend quand vous dites le nom des gens tout court ; et, quand je demande Moreau par le village, on me répond :

— Quel Moreau ? M. Moreau du Pin ?

J'entre dans un bouge misérable, et je demande qui demeure là.

— Monsieur***.

— Quel est l'état de ce M.*** ?

— Il cherche son pain. C'est un homme qui n'a rien.

— Un ancien bourgeois ?

— Mon Dieu, non ; un homme comme nous.

Me voilà bien averti. Je donne du monsieur L'me aux mendiants, et il m'y paraissent fort habitués. Au reste, ces mendiants sont rares : on en compte deux ou trois dans la commune.

Les gallinacés sont magnifiques. Aujourd'hui que *la mode y est*, on peut constater, dans le fond des campagnes, des localités qui ont su profiter de l'améliotation des races.

Le petit poulet noir, étique et maraudeur, impossible à engraisser, parce qu'il dépérit dans les basses-cours, tend à disparaître. Le coq de Cochinchine pur sang ne le remplace pas d'emblée avec avantage. Il demande trop de soins et craint nos longs hivers. Il devient goutteux de bonne heure. Ses filles, nées de la poule normande ou de la poule du Mans, sont riches pondeuses, couveuses assez fidèles, mères sans souci et sans constance pour leurs poussins, qu'elles abandonnent trop vite. Voilà les résultats obtenus chez nous.

Ici, les croisements ont produit une superbe espèce, très-robuste. On n'a pu me dire le nom du type qui l'a amené.

— Ce sont de gros œufs qu'on a donnés à *madame* une telle du village, et qu'elle a fait couver. Il lui est venu un beau coq qui a *causé* avec nos poules, et, depuis quatre ou cinq ans, toutes nos volailles sont *venues* belles.

Il faut dire aussi que les conditions d'élevage sont excellentes dans ce bourg. La communauté de passages et l'absence de clôtures aux habitations en font une vaste basse-cour où la volaille trotte, gratte, mange et grimpe partout en liberté.

Le roi de ce pays de Cocagne est un coq blanc glacé de jaune citron, à large crête d'un rouge de corail. Il est escorté de deux poules : l'une pareille à lui, l'autre plus blonde et non moins belle. Je ne sais de quel croisement ils résultent, mais ils seraient dignes de figurer chez un amateur. Ce n'est pas le lourd coq cochinchinois sans queue, ridiculement jambé, à l'air stupide et féroce. Celui-ci a une robe charmante et des formes parfaites, des pattes délicatement découpées, la démarche aisée et la physionomie fière mais fort affable.

Je suis très-reconnaissant envers l'éminent peintre Jacque de m'avoir inspiré, par ses études ingénieuses et savantes sur la matière, et surtout par ses adorables tableaux et dessins (ceux-ci publiés dans le *Magasin pittoresque* et dans le *Journal d'Agriculture pratique*), un redoublement d'amitié pour le coq et la poule.

Au point de vue de l'alimentation, il y a le côté de haute utilité que tout le monde apprécie ; mais, au point de vue de cette amitié de bonhomme dont on s'éprend dans la vie domestique pour les animaux apprivoisés, le coq et la poule méritaient mieux de nous que le supplice de l'engraissage forcé et les tristes honneurs de la broche. Ils sont des types d'affection conjugale et de touchante maternité, et ils ont cet avantage sur la plupart des animaux dont nous nous entourons, que nous pouvons les rendre parfaitement heureux.

Il y a de petites espèces ravissantes qui ne *grattent pas*, et que l'on pourrait laisser vivre dans les jardins. Ces oiseaux ont le naturel si raisonnable, qu'ils ne s'écartent presque pas de la petite cabane qu'on leur bâtit sous un arbre, et ne franchissent jamais une étroite limite qu'ils s'imposent à eux-mêmes. Ils connaissent, sans banalité de confiance, les gens qui les aiment ; ils les suivent, mangent dans leur main, perchent à côté d'eux sur les branches, dînent à leurs côtés, si l'on dîne en plein air par le beau temps, et se rendent en grande hâte, à toute heure, au moindre appel d'une voix amie.

A ce caractère sociable et à cette domesticité fidèle, ils joignent la beauté merveilleuse dans certaines espèces même très-rustiques et très-communes, et l'infinie variété dans l'imprévu des reproductions et dans le caprice des croisements. A chaque éclosion, on voit arriver des surprises, des petits qui diffèrent essentiellement du père et de la mère, et qui aussitôt forment des genres et des sous-genres intéressants.

. . . .

Il n'y a pas eu moyen, aujourd'hui, de contempler le village *intrà muros* : nos compagnons veulent voir le pays ; c'est le village qui se promènera avec nous.

Tandis qu'Herminea équite vaillamment un âne modèle, un âne qui passe partout comme un bipède, Moreau nous suit avec sa belle-sœur, madame Anne, son filet de pêcheur, son cheval chargé de provisions, et son neveu, *M. Fred* (diminutif d'Alfred). Ce dernier n'a d'autre motif de nous accompagner que celui de porter une poêle.

Une poêle? Oui, une poêle à frire. Moreau a son idée, il faut le laisser faire. D'ailleurs, ce détail fait bien, en queue de la caravane. Nous avons l'air d'une tribu qui se déplace, d'autant plus que nous partons au milieu de la pluie et du tonnerre, comme des gens forcés de partir.

Où déjeunera-t-on? Où l'on voudra, et quand tout le monde aura faim. Nous sommes sûrs de trouver partout du gazon pour siége, des rochers pour table et des arbres pour tente.

On remonte le cours de la Creuse. Comment

s'arracher de cette oasis ? Et puis là sont les insectes à l'existence fantastique et l'espoir de nouvelles découvertes.

Au bout d'une heure de marche, tout le monde regarde avec amour le cheval porteur du déjeuner.

On fait halte au milieu des roches blanches, en face du grand rocher noirâtre dit le *roc à Gayot*.

Pendant que les uns déballent des provisions, les autres se mettent en quête du dessert.

Les cerneaux ne sont pas formés, mais M. Fred grimpe sur les cerisiers, et apporte sans façon des rameaux chargés de fruits. Je m'inquiète de ce mode de contributions trop directes.

— Ça ne fait rien, répond Moreau ; les gens seraient là, qu'ils vous offriraient ce qu'ils ont. D'ailleurs, ce qui est planté sur les sentiers est au passant, et ce qui est loin des habitations est aux oiseaux.

Sylvain fait, avec des roches plates et des galets ronds, des siéges et des tables ; il élève des dolmens sans les avoir.

C'est le moment d'examiner ces galets.

Ce sont des blocs de granit magnifiques, roulés et amenés là par la Creuse, et qui n'appartiennent nullement au terrain primitif où nous nous trouvons. Ils sont en si grand nombre dans certains coudes de la rivière, qu'on pourrait les utiliser. On l'a essayé pour le pavage et les ponts d'Argenton ; mais les transports étaient trop coûteux et trop difficiles ; on y a renoncé.

Hélas ! on n'y renoncera pas toujours. L'homme s'emparera de tous les sanctuaires. Il y aura une route sur cette rive charmante où aujourd'hui le sentier existe à peine, et tous ces sauvages accidents où l'on se sent à mille lieues de la civilisation disparaîtront pour faire place au grand droit de tous : au progrès !

Nous retrouvons les galets brisés ; leurs flancs sont d'un grain micacé compacte et des plus beaux tons, depuis le gris de fer jusqu'au rose vif, en passant par le gris de perle rosé et le lilas bleuâtre.

La Creuse a apporté là les plus beaux échantillons des divers bancs granitiques qu'elle parcourt depuis sa source. Elle vous présente un musée complet de sa minéralogie; des gneiss brillants et variés, des micaschistes qui ont l'apparence et l'éclat de l'or et de l'argent disposés en veines sinueuses, des quartz d'une beauté qui rivalise pour l'œil avec les marbres les plus précieux, et des sables de mica pulvérisé qui font briller les sentiers comme des ruisseaux au soleil.

Pendant cet examen, madame Anne cherche une cheminée. Elle trouve un bloc bien exposé pour que la fumée ne nous incommode pas. Elle ramasse du bois mort, elle allume son feu et retrousse ses manches.

Sylvain veut laver la poêle.

— Ah! malheureux! que faites-vous là? s'écrie-t-elle. Laver la poêle d'avance! vous voulez donc faire manquer la pêche? Ça porte malheur au pêcheur; ne le savez-vous point?

En effet, Moreau n'est pas heureux; il s'en va tout habillé dans les rochers submergés et dans les courants, lançant son filet avec maestria, avec rage, avec majesté, avec douleur : rien n'y fait, pas de truites, pas de saumons! Mais nous n'étions pas si ambitieux. Une friture de barbillons sortant de l'eau, rissolés dans l'huile et servis brûlants, c'est un excellent mets. Les poulets froids, les œufs mollets, les artichauts crus, la galette, les guignes et le café, voilà, j'espère, un festin royal! La salle à manger est si belle et l'appétit si ouvert!

Moreau, éreinté, trempé comme un canard, rit quand on s'étonne de son régime. Il boit et mange sobrement, fait un somme sur l'herbe, et s'éveille gai comme un pinson, prêt à recommencer.

Madame Anne a déjeuné de bon cœur avec nous; mais son fils, *M. Fred*, s'est exalté. Il devient d'une loquacité désespérante. Heureusement, il s'en retourne au village avec sa mère et le cheval portant les débris du festin.

Nous reprenons le cours de la Creuse jusqu'au roc du Cerisier, le plus beau de toute cette région. Il surplombe la rivière qui bat sa base, et Moreau, qui nous a fait grimper par-dessus la dernière fois, veut nous faire recommencer l'ascension à cause de l'âne. Mais nous nous obstinons à passer sur les roches à fleur d'eau, et l'âne y passe sans broncher.

De mémoire d'âne, on n'avait vu pareille chose ; mais aussi quel âne !

Derrière le grand rocher, sur un espace d'une centaine de pas, s'étend le site ardu et sévère que nous avons baptisé le Sahara. Pas un souffle d'air, pas un arbre pour s'abriter, pas une place herbue pour séparer les pieds du roc brûlant.

En plein midi, il y a un peu de quoi devenir fou ; mais algira et gordius apparaissent instantanément, comme s'ils attendaient nos naturalistes. Alors, tout est oublié : le soleil ne darde pas de feux dont on se soucie. Voilà nos enragés tout en haut du précipice, oubliant de songer aux vipères qui abondent et au moyen de redescendre tout ce qu'ils ont gravi. N'importe, les captures sont effectuées, et on descend comme on peut.

Cette roche feuilletée se divise en escaliers friables et perfides, et les herbes brûlées qui s'y attachent sont glissantes comme de la glace. L'émotion fait oublier à ceux qui regardent la chasse les souffrances de la fournaise. Outre les papillons désirés (ce que les entomologistes appellent leur *desidera-*

tum), on rapporte des merveilles inattendues, des coléoptères avec lesquels on avait fait connaissance à la Spezzia, dont le climat est aussi un peu celui de l'Afrique.

On va plus loin, on se retourne pour regarder encore la belle silhouette du rocher, qui paraît grandiose par sa proportion avec le site environnant. Au pied des Alpes, ce serait un grain de sable; là où il est, c'est un pic alpestre.

Mais on avance, et les talus s'abaissent, la rivière n'a plus de rochers, et, pendant un certain temps, ombragée de beaux arbres, elle semble noire et morte. Les gazons refleurissent, l'air circule et les insectes méridionaux disparaissent. Moreau nous trouve des sources fraîches, et, après une nouvelle halte, on reprend à travers champs, par le plateau, la direction du village.

En général, ces plateaux sont tristes et nus, mais ils sont courts et s'abaissent brusquement vers de jolis bouquets de bois de hêtres et de chênes enfouis dans des déchirures de terrains très-amusantes.

On remonte, on traverse, en soupirant un peu,

des moissons au-dessus desquelles la chaleur danse et miroite. Enfin on redescend rapidement au village par une fente profonde, chemin en été, torrent en hiver.

On ne saurait définir la production générale du pays, tant elle est inégale et variée sur ces terrains tourmentés de mouvements capricieux !

Dans des veines ombragées et humides, les fourrages sont magnifiques à la vue, bien que grossiers de qualité ; le *brin* est trop gros, et nos chevaux le refusent absolument ; ceux du pays, moins délicats, en font leurs délices. Sur les hauteurs pierreuses croissent de maigres froments, gravement malades cette année, et dont le grain éclate en poudre noire. Mais, à deux pas plus bas ou plus au nord, ou plus au sud, la moisson du blé, de l'orge ou de l'avoine, est superbe. Ailleurs et non loin, c'est la vigne qui souffre ou prospère. La culture se fait industrieuse, essayeuse, observatrice, comme dans tous les pays accidentés. On finit par utiliser les recoins les plus rebelles et par ne rien abandonner au désert de ce qui est praticable, c'est-à-dire de ce que le pied et la main peuvent atteindre.

Somme toute, la contrée est riche, le vin très-potable, le pain excellent, les légumes aussi. La grande variété des produits est toujours une source d'aisance pour le paysan, parce que bien rarement tout manque à la fois. C'est ce qui leur fait dire avec raison que les *chétifs* pays sont les meilleurs. En effet, dans les terres légères et inégales des varennes, on trouve parfois plus de ressource que dans l'uniforme et opulent fromental. On possède dix fois plus d'espace, et bien qu'une *boisselée* de chez nous paraisse en valoir dix des autres, le résultat général prouve que ces terres médiocres rapportent, en proportion de leur prix, un bon tiers de plus que celles de première qualité.

Cela provient surtout de ce que l'on s'ingénie davantage.

— Nous nous *artificions* à toute chose, me disait un paysan de par là. Nous savons faire pousser le noyer et le châtaignier côte à côte, chose réputée impossible dans vos endroits. Nous greffons toute sorte d'arbres fruitiers les uns sur les autres : tant pis pour ceux qui manquent. Nous ne craignons pas de recommencer, pas plus que d'apporter de la terre à dos de mulet, à dos d'âne et même à notre dos de chrétien, dans des hottes, pour nous faire un petit jardin dans un trou de rocher. On *s'invente* tout ce qu'on peut, et, si les courants d'eau emportent l'ouvrage à la mauvaise année, on recommence un peu plus haut, on endigue, on s'arrange et on se sauve.

Ce paysan industrieux et entreprenant est, et je le répète, moins solennel et moins poétique que le nôtre : il ressemble plus à un Auvergnat moderne qu'à un vieux Gaulois. Il manque de cette majesté qu'on peut appeler *bovine* chez l'homme de la vallée Noire; mais il est plus intéressant dans son combat avec la terre, et, s'il rêve moins, il comprend davantage.

Encore un trait caractéristique : le paysan de chez nous a peur de l'eau. Il croit que le bain de rivière est malsain, le dimanche, pour qui a sué la semaine. Il croit que la natation est un plaisir d'oisif. Il se noie dans un pied d'eau.

Ici, tout le monde va à l'eau comme des canards. Le dimanche soir, toute la population nage, plonge, dresse des bambins à se jeter dans les bassins profonds du haut des rochers et à pêcher à la main sous les blocs de la rivière. Quelques femmes nagent aussi. On se partage gaîment la pêche et on rentre pour la manger toute fraîche en famille, sauf les belles pièces, qui sont vendues à Argenton quand il n'y a pas d'étrangers au village.

Ce poisson est exquis, même le fretin. Il a la chair ferme et savoureuse.

La bonne et vraie pêche se fait avant le jour; aussi vous pourriez marcher la nuit tout le long de ce désert, avec la certitude de rencontrer, à chaque pas, des figures affairées mais bienveillantes.

Les meuniers et les pêcheurs vivent en bonne intelligence: filets et bateaux sont prêtés à toute heure, et ce continuel échange constitue une sorte de communauté. On ne se gêne guère pour lever la vergée qu'on rencontre sur les îlots dans le courant. Mais c'est à charge de revanche, et la grande prudence du Berrichon évite les reproches et les querelles. Les pêcheurs ont un soin de prévoyance qui ne viendrait jamais à ceux de l'Indre. Quand on pêche les étangs, ils achètent le fretin et *rempoissonnent* leur rivière pour l'avenir.

En traversant une ravissante prairie, nous eûmes à saluer une très-vieille dame du hameau des Cerisiers, qui gardait ses vaches en cornette et jupon court.

Elle était seule dans cet Éden champêtre, droite, rose, enjouée.

Moreau m'apprit que c'était une personne riche, la mère d'un de nos amis, avoué très-considéré dans notre ville.

— Comprenez-vous, nous dit-il quand nous fûmes à quelques pas de cette vénérable pastoure, qu'une dame comme elle, qui a le moyen d'avoir trois vachères pour une, prenne son plaisir à être là toute seule à son âge, par chaud ou froid, vent ou pluie ?

— Ma foi, oui, pensai-je ; je le comprends très-bien. Je sais que son fils, qui la respecte et la chérit, a fait son possible pour la fixer à la ville auprès de lui. Mais elle s'y mourait d'ennui ; le bien-être et le repos lui retiraient l'âme du corps. Il y a dans ces natures agrestes une poésie qui ne sait pas rendre compte de ses jouissances, mais que l'esprit savoure dans une quiétude mystérieuse. Oui, oui, encore une fois, l'aspiration à la vie pastorale, le besoin d'identifier notre être avec la nature et d'oublier tous les faux besoins et toutes les vaines fatigues de la civilisation, ce n'est pas là un vain rêve ; c'est un goût inné et positif chez la grande majorité de la race humaine, c'est une passion muette et obstinée qui suit partout, comme une nostalgie, ceux qui ont mené, dès l'enfance, la vie libre et rêveuse au grand air.

Et, quand cette passion s'est développée dans une contrée adorable, est-il un artiste qui ne la comprenne pas et qui ne la voie pas flotter dans ses pensées comme le songe d'une vie meilleure ?

Tout le monde la comprendrait, cette passion, si la nature était belle partout. Elle le serait, si l'homme voulait et savait. Il ne s'agirait pas de la laisser à elle-même, là où elle se refuse à nourrir l'homme. Il s'agirait de lui conserver son type et de lui restituer, avec les qualités de la fécondité, le caractère de grâce ou de solennité qui lui est propre.

Cela viendra, ne nous désolons pas pour notre descendance. Nous traversons les jours d'enfantement de l'agriculture. La terre n'est ingrate que parce que le génie de l'homme a été paresseux. Nous sortons des ténèbres de la routine. La science et la pratique prennent un magnifique essor au point de vue de l'utilité sociale. La vie matérielle absorbe tout, la question du pain enfante des prodiges. Les artistes et les rêveurs ont tort pour le moment.

Il le faut, et n'importe ! car le sentiment du beau et les besoins de l'âme reviendront quand la production aura payé l'homme de ses dépenses et de ses peines. La question des arbres viendra le préoccuper quand il aura trouvé le chauffage sans bois. La question des fleurs descendra des régions du luxe aux besoins intellectuels de tous les hommes. La question des eaux et des abris de rochers fera des prodiges quand il y aura communauté ; je ne dis pas de propriété (je ne soulève pas cette question) ; mais de culture en grand avec une direction savante et intelligente.

Déjà les efforts particuliers de quelques riches amis du beau font pressentir ce que sera la campagne en France dans une centaine d'années peut-être. On comprend déjà très-bien qu'un parc de quelques lieues carrées soit une fantaisie réalisable, et que, au milieu de ses grandes éclaircies et de ses immenses pelouses, les moissons et les fauchailles s'effectuent facilement à travers des allées ombragées et doucement sinueuses.

Il n'y a donc pas de raisons pour qu'un jour, quand l'intérêt social aura prononcé qu'il est indispensable de réunir tous les efforts vers le même but, des départements entiers, des provinces entières, ne deviennent pas d'admirables jardins agrestes, conservant tous leurs accidents de terrains primitifs devenus favorables à la nature de la végétation qu'on aura su leur confier, distribuant leurs eaux dans des veines artificielles fécondantes et gracieuses, et se couvrant d'arbres magnifiques là où ne poussent aujourd'hui que de stériles broussailles.

A mesure qu'on obtiendra ce résultat, en vue du beau en même temps qu'en vue de l'utile, les idées s'élèveront. Le goût ira toujours s'épurant, le sentiment du pittoresque deviendra un besoin, une jouissance, une ivresse pour le laboureur, aussi bien que pour le poëte. Ce sera un crime que d'abattre ou de mutiler un bel arbre, une grossièreté que de négliger les fleurs et d'aplanir sans nécessité les aspérités heureuses du sol ; un crétinisme que de détruire l'harmonie des formes et des couleurs sur un point donné, par des bâtisses disproportionnées ou criardes. L'artiste ne souffrira plus de rien, l'idéalisme et le réalisme ne se battront plus.

Toute rêverie sera douce, toute promenade charmante ; et vous croyez que, vivant dans le beau et le respirant comme un air vital dans la nature redédiée à Dieu, les hommes ne deviendront pas plus intelligents en devenant plus riches, plus vrais en devenant plus habiles, et plus aimables en devenant plus satisfaits ?

Amyntas s'est décidément épris de la maisonnette

où nous sommes logés. Il y rêve une installation possible, un pied-à-terre tolérable au milieu du monde enchanté des fleurs, des ruisseaux et des papillons. Pourquoi pas ? Il a bien raison.

J'avais grande envie aussi de cette chaumière, bien qu'elle ne réalise pas mon ambition pittoresque. Vingt autres sont plus jolies ; mais c'est la seule en vente, et j'allais m'en emparer... Mais notre ami réclame la priorité de l'idée. Il nous demande de lui laisser arranger cette chaumière à son gré et de devenir ses hôtes dans nos excursions sur la Creuse. Nous retirons nos prétentions.

Il échange quelques paroles avec madame Rosalie. Le voilà propriétaire d'une maison bâtie à pierres sèches, couverte en tuiles, et ornée d'un perron à sept marches brutes ; d'une cour de quatre mètres carrés ; d'un bout de ruisseau avec droit d'y bâtir sur une arche, plus, d'un talus de rocher ayant pour limite un buis et un cerisier sauvage.

A partir de ce moment, je vois bien que l'insouciant Amyntas n'est plus le même.

Après le souper, car nous n'avons dîné qu'à

neuf heures, le voilà qui lève des plans, qui mesure ses deux petites chambres, plante en imagination des portemanteaux, creuse des armoires dans l'épaisseur de *son mur*, et dit à chaque instant : *Ma maison, ma cour, mon rocher, mon buis, mon cours d'eau, mes voisins, mes impôts,* — il en aura pour deux francs vingt-cinq centimes ! — *mes droits, mes servitudes, mon acte, ma propriété,* enfin ! C'est tout dire !

— N'en riez pas, dit-il ; qui sait si ce n'est pas là que, par goût ou par raison, je viendrai terminer mes jours ?

Ah ! qui sait, en effet ? La même idée m'était venue pour mon compte, quand je lorgnais cette splendide acquisition à laquelle il me faut renoncer.

Mais l'aimable acquéreur s'en fait un si grand amusement, que je suis dédommagé de mon sacrifice. Et puis il n'est pas dit absolument que la voisine, l'affable et obligeante madame Anne, ne se laissera pas séduire par mes offres un peu plus tard. Nous verrons, si elle n'a pas trop de chagrin !

J'avoue que je ne me pardonnerais pas d'apporter un chagrin dans ce village. Un chagrin surmonté par des considérations d'intérêt, c'est presque une corruption exercée et subie. Certes, l'Eldorado champêtre où nous voici recèle ses plaies secrètes comme les autres ; mais je voudrais bien que ma main n'y apportât pas une égratignure.

Ce remords n'empoisonnera pas les jouissances de notre nouveau propriétaire. L'aubergiste qui lui cède la maisonnette est enchanté de pouvoir faire agrandir et arranger désormais son auberge. Il paye quelques dettes avec le surplus, et se loue beaucoup de l'aventure

IX

10 juillet.

Une voix creuse et sépulcrale me réveille, et une pensée triste me traverse l'esprit.

Le pauvre petit maître d'école qui demeure en face, dans notre *square*, s'est laissé choir hier de son âne. On le disait brisé. Il est peut-être mourant.

Sans doute, cette voix de la tombe, c'est celle du prêtre qui vient prier pour son âme.

J'entr'ouvre le rideau et je me rassure. Il n'y a là qu'un vieux mendiant aveugle, récitant un long *oremus* en l'honneur du généreux Amyntas, qui vient de le bien traiter. Aussi, tandis que le *propriétaire* s'enfuit modestement dans les ruines de la forteresse, pour échapper à la litanie du remercîment, le vieux fait les choses en conscience et récite jusqu'au bout son antienne édifiante.

Une jolie petite fille de dix ans sort de la maison d'école, apporte au pauvre un gros morceau de pain blanc, le lui met dans sa besace et lui demande où il veut aller.

Le bonhomme lui ordonne d'un air grave de le conduire au château. Elle lui prend la main et l'emmène, en écartant devant lui, avec son petit sabot, les pierres qui pourraient le faire trébucher.

On déjeune chez madame Rosalie, on lui dit adieu, et on part pour le Pin par le chemin d'en haut. On redescend avec Moreau à la Creuse, et on fait encore une lieue dans les rochers pour aller au Trou-Martin, un bel endroit, le plus hérissé de la contrée : rochers en aiguilles sur les deux rives de la Creuse, aridité complète, découpure romantique autour du courant devenu plus rapide ; l'un fait un croquis ; l'autre, un somme.

Au retour, à un méandre où le torrent est calme et profond, une barque glisse lentement d'une rive à l'autre. Le batelier conduit trois femmes chargées de paniers de fruits ; tous quatre sont superbes de pose et de costume, à leur insu ; l'eau est un miroir ;

les rivages herbus, les arbres, les terrains sont étincelants au soleil, qui baisse et rougit. Tout est rose, chaud et d'un calme sublime.

Ce n'est pas le lac Némi ; ce ne sont pas les femmes d'Albano, c'est autre chose : c'est moins beau et plus touchant. Ici, rien ne pose. En Italie, le moindre brin d'herbe fait ses embarras et attend le peintre.

Belle et bonne France, on ne te connaît pas !

On part à cinq heures, on flâne un peu en route, on boit de l'eau fraîche à Cluis. On peut y manger des goires, gâteau au fromage de la localité. C'est étouffant ; mais quand on a faim !...

On arrive à la maison à onze heures du soir. On soupe, on range les papillons, on se couche à deux heures.

X

14 juillet.

Notre ami l'avoué, le fils de la vénérable pastoure, est venu nous voir ce matin.

Amyntas lui confie le soin de régulariser son acquisition et le traite de *mon avoué* avec une aisance importante. On dirait qu'il n'a fait autre chose de sa vie que d'être propriétaire. Il ne dit plus *ma chaumière*, il ne dit même plus *ma maison*, il dit *ma villa*.

L'avoué nous donne des renseignements sur le pays, dont il est né *natif*, comme on dit chez nous. Il a été élevé pieds nus, sur les roches du *Cerisier*. Il soupire au souvenir du temps où, lui aussi, gardait ses vaches dans les grandes herbes. Il a l'excellent esprit de comprendre que sa mère n'ait pu s'habituer à l'air mou d'une ville et au parfum de renfermé d'une étude. Puis il nous dit, lui qui connaît la réalité des choses humaines et qui est rompu au contact des intérêts et des passions des gens de campagne :

— Vous avez eu une bien bonne idée de vouloir planter là une tente. Je ne crois pas que vous le regrettiez jamais. Ce village est un nid de braves gens.

— En vérité? Il nous semblait, mais nous ne savions pas ! Nous cherchions des fleurs et des papillons. Aurions-nous trouvé des hommes?

— Des hommes très-bons et très-sincèrement religieux, des mœurs très-douces, vous verrez ! Et puis une grande fierté, l'orgueil d'un certain bien-être, joint au plaisir de l'hospitalité. Nous avons peu à faire par là, nous autres gens de procédure. J'en suis fier pour mon endroit. Pas de procès comme dans la Marche. C'est une oasis. Ces gens ne sont jamais sortis de leur manière d'être depuis des siècles. Faute de chemins, ils ne se sont jamais écartés du beau jardin que leur a creusé la nature. Ils ont su garder leur bonheur, et il y a chez eux un grand cachet d'association et d'homogénéité. Ne vous défendez pas de les estimer. Ils sont tous ce qu'ils vous paraissent.

Espérons que ce réaliste de profession n'est pas trop romanesque d'instinct, et retournons au village le plus vite qu'il nous sera possible.

XI

26 juillet.

Parthénias est dans le Midi, Amyntas est parti avant-hier pour *son village*, afin de mettre les ouvriers en besogne à *sa villa*. Il nous permet cependant d'y passer encore une bonne journée avant de leur céder la place.

Nous partons demain, Herminea et moi; aujourd'hui, nous voyons la fête de notre hameau d'ici; c'est sainte Anne qui en est la patronne et que l'on fête le dimanche; car la moisson est commencée, et on ne pourrait se déranger dans la semaine.

Toutes les réjouissances de chez nous se bornent à danser, du matin au soir, la bourrée. La bourrée du Berry va se perdant sans qu'on y songe; elle ne se danse plus que dans un assez petit rayon. J'ai bien peur qu'on ne se soit laissé entraîner à la contredanse dans notre village de là-bas. Je n'ai pas encore osé le demander.

La contredanse du paysan est absurde et grotesque. Sa valse est, comme rhythme et comme allure, quelque chose de disloqué et d'incompréhensible. La bourrée est monotone, mais d'un vrai caractère. Pourtant il ne faut pas la voir folichonner par les artisans de petite ville; ils y sont aussi absurdes que le paysan à la contredanse.

Il y a aussi les *beaux* de village de la nouvelle école, qui y introduisent des contorsions prétentieuses et des airs impertinents tout à fait contraires à l'esprit de cette antique danse. La bourrée n'est elle-même que dans les jambes molles et les allures traînantes de ce qui nous reste de vrais paysans, les jeunes bouviers et les minces pastoures de nos plaines.

Ces naïfs personnages s'y amusent tranquillement en apparence; mais l'acharnement qu'ils y portent prouve qu'ils y vont avec passion. Leur danse est souple, bien rhythmée et très-gracieuse dans sa simplicité. Les filles sont droites, sérieuses, avec les yeux invariablement fixés à terre. J'ai toujours vu les étrangers, qui venaient à notre fête, très-frappés de leur air modeste.

Notre *assemblée* est une des moins brillantes du pays. Il en a toujours été ainsi : c'est parce qu'elle *tombe en moisson* et que la jeunesse est éparpillée au loin en ce moment. Je doute que le cabaretier qui nous dresse une ramée y fasse de brillantes affaires. Bien qu'il offre aux consommateurs liqueurs, bière et café, nos paysans, qui ne sont guère friands de ces nouveautés, n'en usent que *par genre*, et préfèrent le vin du cru, qui se débite au *pichet* dans les cabarets de la localité.

Les ménétriers semblent fort occupés; mais deux sonneurs de musette, c'est trop pour si peu de monde, et leur journée a été mauvaise.

Le vieux Doré se targue pourtant d'avoir des droits à la préférence des gens d'ici. Il a été assez habile dans son temps, et il a beaucoup gagné. Il était seul alors pour cinq ou six paroisses et faisait souvent des journées de dix écus. Mais il s'est négligé dans son art, et, quelquefois distrait dès le matin, il coupait tout le jour les jambes à son monde, en sortant plus que de raison du ton et de la mesure.

Et puis le cornemuseux croit que le souffle et le succès ne le trahiront jamais, tandis que l'un est aussi fugitif que l'autre. Il n'amasse guère; et, aux champs comme ailleurs, tout artiste veut mener la vie d'artiste. Bien qu'il travaille de ses bras dans la semaine, il n'est pas réputé bon ouvrier et ne trouve pas beaucoup d'ouvrage. Aux champs comme ailleurs, règne le préjugé du positiviste contre l'idéaliste.

Bref, Doré est devenu vieux, maladif et pauvre. Il a fait la folie de se marier en secondes noces avec une jeune femme qui lui a donné beaucoup d'enfants. L'aîné, âgé de dix ans, est là debout sur le banc, à son côté, l'accompagnant sur la vielle avec beaucoup de nerf et de justesse.

Le pauvre petit bonhomme est charmant; c'est un élève qui lui fait honneur et qui le ramène à la mesure, avec laquelle il s'était trop longtemps brouillé. L'enfant est intéressant, et, en outre, Doré a fait la dépense d'une vaste tente sous laquelle on peut danser seize, à l'abri du soleil et de la pluie.

Hélas! c'est peine perdue! Les délicats sont en petit nombre, et, malgré trente-deux degrés de chaleur, on danse en plein soleil à la musette du concurrent qui est venu fièrement planter son tréteau dos à dos avec lui.

Les deux musettes braillent chacune un air différent. A distance, c'est un charivari effroyable. Mais telle est la puissance de l'instrument, que, de près, l'un ne peut étouffer l'autre et que le cri strident de la vielle du petit se perd dans le mugissement du grand bourdon de Blanchet.

Et puis Blanchet, de Condé, est dans la force de l'âge et du talent. C'est un véritable maître sonneur, plus instruit et mieux doué que le vieux Doré. Il n'a pas dédaigné les traditions et sait de fort belles choses, aussi bien pour la messe que pour le bal. Il sait accompagner le plain-chant et s'accorder avec trois autres cornemuses à l'offertoire. Je l'ai entendu une fois consacrer la cérémonie du chou, à un lendemain de noce, par un chant grave d'une originalité extrême et d'une facture magnifique.

Je le priai de venir le lendemain pour moi seul, et il me joua des bourrées de sa composition, très-bien faites et nullement pillées dans les airs de vaudeville que nos sonneurs modernes ramassent, tant bien que mal, sur les routes et dans les cabarets.

Aussi, quand le pauvre Doré vint me porter sa plainte, à la fin de l'assemblée, me remontrant que Blanchet, de Condé, avait mal agi en faisant danser sur une paroisse de son ressort; quand il me montra en pleurant son gentil vielleux et les vingt-six sous de sa journée, tous frais faits, je fus attendri sans doute, et lui donnai le dédommagement qu'il pouvait réclamer d'une vieille amitié ; mais je ne pus prendre parti contre le maître sonneur de Condé, qui était dans son droit et qui, avec trois pintes de vin dans le ventre, n'a jamais failli aux lois de la mesure.

La scène fut assez pathétique. Doré gémissait et me reprochait doucement, mais tristement, d'être de ceux qui lui avaient fait *du tort*.

J'avais prôné d'autres maîtres sonneurs autrefois : Marcillat, du Bourbonnais, ensuite Moreau, de la Châtre, et maintenant ce maudit Blanchet, de Condé, dont pourtant il parlait avec un certain respect. Mais pourquoi ne m'étais-je pas contenté de lui, le vieux sonneur de Saint-Chartier, l'unique, l'inévitable des anciens jours ?

— Il fut un temps, disait-il, où, quand vous vouliez entendre la cornemuse ou faire danser la jeunesse, c'était toujours moi que vous appeliez. Et puis, tout d'un coup, vous avez eu une dame de Paris, une fameuse Pauline Viardot, qui voulait écrire nos airs, et vous avez demandé Marcillat, qui était à plus de douze lieues d'ici, pendant que j'étais sous votre main. Ç'a été un crève-cœur pour moi ; je me suis questionné l'esprit pour savoir en quoi j'avais manqué, et, de chagrin, j'ai quitté l'endroit pour aller vivre à la ville, où je vis encore plus mal.

Que pouvais-je répondre à ce pauvre homme ? Il est malheureux et pas assez artiste pour comprendre que l'art et l'amitié obéissent à des lois différentes.

Mais il me faisait peine, et je me gardai bien de lui dire que j'avais douté de son talent.

J'arrangeai la chose de mon mieux en l'engageant à pardonner au grand Marcillat, mort il y a longtemps, à la suite d'une querelle suscitée par d'autres sonneurs, pour des causes analogues à celle dont il était là question.

Quant à Moreau, de la Châtre, ce n'est pas moi qui ai fait sa réputation. Elle s'est établie et soutenue sans moi.

Doré m'avoua qu'il n'essayait pas de lutter contre cet artiste redoutable, sur son terrain, les bals de la ville, et qu'il cherchait modestement sa vie aux alentours. Je lui rendis un peu de contentement en louant son petit et en lui disant qu'à eux deux ils jouaient très-bien, ce qui est la vérité.

Un autre *idéaliste* des environs, que l'on rencontre dans toutes les foires et assemblées, voire sur tous les chemins, comme un bohème dont il mène la vie, c'est Caillaud-la-*Chièbe* (c'est-à-dire la *Chèvre*), ainsi surnommé parce que, durant quelques mois, il promena et montra pour de l'argent le phénomène ainsi décrit sur l'écriteau (avec portrait) de sa pancarte : *Ici l'on voit la chièbe à Caillaud qu'a trois pattes de naissance.*

La chèvre à trois pattes n'enrichit point Caillaud. Caillaud est plein d'idées et d'activité, mais il se blouse dans toutes ses spéculations. Il appartient à la grande race des Barnum et compagnie, mais il a plus d'ambition que de prévoyance.

A peine la chèvre phénoménale fut-elle sevrée, qu'il recommença, pour la centième fois de sa vie, l'histoire du pot au lait. Il lui fit construire une petite voiture, acheta un âne, et, après avoir promené son monstre dans le département, il partit pour Paris dans l'espoir de revenir millionnaire.

Le Jardin des Plantes acheta vingt-cinq francs, je crois, la chèvre à trois pattes ; c'était bien tout ce qu'elle valait, mais non tout ce qu'en frais de voyage et d'exhibition elle avait coûté à son naïf propriétaire.

Il revint au pays, Gros-Jean comme devant, vendit du ruban, des allumettes, des tortues d'eau douce, des poissons, des boutons, des écrevisses, des cochons d'Inde, que sais-je? Toujours par monts et par vaux, brocantant sur toutes choses, se plaignant toujours de l'ingrate fortune, et toujours recommençant, avec accompagnement d'illusions et de déboursés préalables, l'édifice de sa prospérité. Excellent garçon d'ailleurs, doux, sobre, point vicieux et très-serviable avec ou sans profit. Il s'est jeté dans la bohème par imagination et non par paresse, car il se donne du mal comme dix pour gagner quelques sous. Il est assez menteur, encore par excès d'imagination, car il ne sait pas soutenir ses hâbleries, et ses finesses sont cousues d'un câble.

La moralité que l'on peut tirer de sa vie fantaisiste, c'est qu'il y a des gens si habiles, qu'ils sont fatalement dupes de tout, et d'eux-mêmes pardessus le marché. Ils cherchent la renommée de profonds diplomates, et, une fois posés ainsi, ils ne peuvent plus dire un lieu commun qui ne mette en méfiance. On se fait un droit, un plaisir, presque un honneur et un devoir de les attraper, si bien qu'en somme ils succombent dans une lutte où ils se trouvent seuls contre tous.

N'en est-il pas ainsi ailleurs qu'au village ? et, aux premiers plans du monde financier et industriel, ne trouve-t-on pas, sous des dehors moins naïfs, mais avec des effets et des résultats aussi vains, plus d'un Caillaud à trois pattes?

Ledit Caillaud a inventé, depuis trois ans, de tenir un jeu de bonbons pour les enfants, dans les assemblées. Il a une table sur laquelle sont collées des cartes ; sur chacune de ces cartes est un lot plus ou moins friand, soit trois dragées au plâtre, soit une tour en sucre, soit un demi-bâton de sucre d'orge, soit un cheval en candi couleur de rose. Il fait payer un sou, et on tire dans un sac des cartes roulées, crasseuses, Dieu sait! pour amener le lot placé sur la carte correspondante du tableau. La ruse du marchand consiste à placer des pièces d'une certaine apparence sur les intervalles, de manière que presque tous les lots soient couverts d'objets qui ne représentent pas la valeur d'un centime.

A cet honnête trafic, Caillaud fit d'abord quelques bonnes journées. L'an passé, il récolta trente-huit francs. Mais il ne faut pas longtemps pour que les plus niais y voient clair.

Sans nous, cette année, sa boutique eût été déserte. Heureusement pour lui, tous les gamins vinrent nous demander de tenir la banque, et nous la fîmes sauter à son profit avec des joueurs qui ne payaient pas.

Mais quoi ! aussi bien que le vieux Doré, Caillaud a déjà un concurrent.

Au bout de la place, dans un coin honteux, se tient un pauvre être disloqué, horrible, qu'agite en outre une sorte de danse de Saint-Gui des plus bizarres. Lui aussi a son jeu de friandises, un tourniquet à macarons, dont les mouches sont les seuls chalands, le pauvre homme n'ayant pas, comme le magnifique Caillaud, le moyen d'abriter sa marchandise sous un parasol ; et voilà Caillaud qui pourrait bien gémir et murmurer, parce que j'ai été aussi donner un encouragement au petit commerce de l'estropié. Pour le coup, je perdrais patience et j'enverrais promener mon ami à trois pattes, s'il réclamait, en vain, le monopole de la misère et de la commisération.

Les bohémiens sont fort gentils : c'est une race aimable et vivace, qui se trouve la même, relativement, à tous les échelons de la société.

La profession est relativement la même aussi : elle consiste à s'isoler des conditions régulières de l'existence générale et à se frayer une route de fantaisie à travers le troupeau du vulgaire. Ce serait tout à fait légitime pour quiconque a le goût des aventures, le courage des privations et l'heureuse philosophie de l'espérance, si, même en s'abstenant du vice qui avilit et de l'intempérance qui hébète, on n'était pas fatalement entraîné, un jour ou l'autre, à oublier toute notion de dignité, et, partant, de charité humaine.

L'homme qui s'endurcit trop vis-à-vis de lui-même s'endurcit peu à peu à l'égard de ses semblables. Il trouve naturel d'exploiter leur travail au profit de son industrie, qui consiste à se faire plaindre jusqu'au jour où il n'y réussit plus du tout et se laisse mourir dans un coin, fatigué de l'ingratitude de sa fonction d'ingrat.

A côté de la figure à la fois souriante et larmoyante du bohème rustique, mélange de timidité et d'audace, de douleur et d'ironie, passe la face sérieuse et un peu hautaine du paysan aisé, bien établi dans la famille et la propriété. Dans nos pays, celui-ci est honnête homme en général, et très-charitable envers les individus. Il a même un sourire de protection pour celui qui a trois pattes de naissance et qui va clopin-clopant dans la vie. Lui, fièrement établi dans la société sur ses quatre pieds de banc, il n'avance pas, mais il ne tombe pas. Il dit, en parlant du bancal, qu'il n'a pas pris *la rége* (le sillon) du bon côté, et que, pourtant, il n'est pas mauvais homme pour ça. Il ne le pousse pas à terre, car il met tout son tort sur le compte du progrès, le grand ennemi, le chemin de perdition de la jeunesse.

A l'égard des masses souffrantes, le paysan aisé est très-dur en théorie. Il se révolte à l'idée du mieux général ; cependant il plaint et assiste les maux particuliers ; mais il a horreur des conclusions, de quelque côté qu'elles lui soient présentées, et ce sera sagesse que de chercher le moyen de l'y amener sans qu'il s'en aperçoive.

XII

Au village de ***, 27 et 28 juillet.

Nous voici dans nos torrents et dans nos rochers. Amyntas est venu au-devant de nous à pied avec Moreau, jusqu'au joli bois entre le chatelier et la croix. Ils rendent l'âme, notre cheval aussi.

On fait halte. La chaleur devient torride dès qu'on s'engage dans les vallons qui conduisent à la Creuse.

Cette fois, nous avons quelque peine à remiser la voiture. Les récoltes sont presque finies, les granges sont pleines.

Nous descendons à la Creuse et nous la remontons jusqu'à l'embouchure du torrent de notre village. Il n'y a pas pour une heure de marche, et c'est en somme le plus beau coin de la gorge. La Creuse y est resserrée et traverse deux ou trois petits chaos très-romantiques.

J'ai vu autrefois ce paysage encore plus beau : on a abattu de grands chênes qui le complétaient. On a fait un nouveau pont, qui sera encore emporté comme celui que nous passions autrefois pour aller à la *Prune-au-Pot*, un vieux manoir qui a eu l'honneur d'héberger Henri IV, et qui est très-bien conservé.

La Creuse est terrible quelquefois. Je l'ai vue bien méchante. En ce moment, elle est si basse et si tranquille, que l'on a besoin de regarder la position de ses énormes blocs de granit pour se persuader que c'est elle qui les a apportés là.

Le village se présente encore mieux en montant qu'en descendant. On y arrive par des prairies délicieuses.

Nous y voilà. Décidément, on est ici plus démonstratif que chez nous. Nous sommes déjà reçus comme de vieux amis, et nous trouvons Amyntas lié avec tout le monde.

Un artiste éminent, qui a découvert aussi le village, et dont le nom se recommande de lui-même, est invité par nous à déjeuner le lendemain sur le rocher, et nous recommençons la partie de pêche et de friture au bord de la Creuse. Il est ravi de la douceur et de la grâce de cette nature. Il fait rapidement des croquis adorables.

Les peintres qui comprennent le vrai sont d'heureux poëtes. Ils saisissent tout à la fois, ensemble et détails, et résument en cinq minutes ce que l'écrivain dit en beaucoup de pages, ce que le naturaliste ne pénètre qu'en beaucoup de jours d'observation et de fatigue. Ils s'emparent du caractère des choses, et, sans savoir le nom des arbres et la nature des pierres, ils font le portrait des aspects sentis, portrait pénétrant et intelligent, saisissant et fidèle, sans l'effort des pénibles investigations.

Ils écrivent la vie et traduisent le champ de la nature dans une langue dont les difficultés mystérieuses nous échappent, tant elle paraît claire et facile quand ils la possèdent bien.

En regardant ces croquis de M. Grandsire, nous retrouvions toutes les douces émotions de nos rêveries à travers ces promenades enchantées, et, quant à moi, il m'eût été bien impossible de dire comment ce petit bout de papier crayonné si promptement contenait tant de choses auxquelles j'avais songé, et qui m'apparaissaient de nouveau avec la traduction des objets dont j'avais savouré la couleur et la forme.

Nous avons poussé, encore une fois, jusqu'à l'anse du grand rocher noir. Amyntas s'est donné la satisfaction de l'escalader tout entier, pour se réchauffer d'un bain pris résolûment avec ses habits dans la Creuse à la manière de Moreau; mais Moreau est amphibie et ne sent ni l'eau ni le soleil, tandis qu'Amyntas s'enrhume comme un simple petit mortel.

Les trente jours de chaleur tropicale qui viennent de passer sur notre beau pays n'ont fait que dilater la verdure; les arbres sont aussi fastueux de feuillage qu'en juin, et, sous leur ombrage épais, les petites sources murmurent encore et les mousses veloutent le rocher. Les buis sauvages qui tapissent les talus ont toujours leur air de fête des Rameaux. Mais les fleurs ont fait leur temps, les prés sont fauchés, les vaches et les chèvres broutent partout, et les moissons achèvent de tomber sous la faucille.

Dans quelques jours, il faudra chercher un reste de vie et de fête dans les endroits incultes. Heureusement, ils ne manquent pas ici, et le féroce mois d'août, si triste et si dur dans nos plaines, ne se fera pas trop sentir dans ces bosquets d'Arcadie.

Mais j'oublie qu'il nous faut partir et laisser la villa d'Amyntas aux réparations urgentes.

Nous ne reviendrons qu'à l'automne, et c'est alors seulement que nous deviendrons assez citoyens de ce village pour en pénétrer les mœurs et les coutumes.

En attendant, voici les nouvelles du jour :

Le marquis fait faire, en dehors du village, au fond du ravin, un cimetière pour la paroisse, qui entasse ses défunts dans l'étroite cour de l'église, comme en plein moyen âge.

Le maître d'école va mieux. Il prend l'air sur son escalier et nous fait bon accueil. Nous caressons un enfant rose et blond, beau comme l'Amour, et nous découvrons qu'il est le fils du pauvre difforme. Nous en félicitons celui-ci. Sa figure anguleuse et pâle rayonne de plaisir. Il sent vivre son âme dans la beauté de cet enfant. Les âmes sont toutes belles en sortant des mains de Dieu, et ce n'est pas le corps apparemment qui a l'initiative dans la génération.

Les femmes et les filles du village sont toujours vaillantes et robustes. Je demande où est une charmante enfant de dix-sept ans qui m'avait frappé par son air de douceur ; elle est partie *en moisson* dans le haut du pays. C'est bien dur pour une jeune fille, et elle n'était pas obligée à cela. Mais, que voulez-vous ! elle avait envie d'un *capot*, et, pour posséder ce morceau de drap dont elle se coiffera l'hiver prochain, elle va moissonner trois semaines sur ces plateaux dévorés du soleil !

Et nous nous trouvions héroïques, nous autres, de nous promener en plein midi sous les hêtres du rivage !

XIII

29 juillet.

La chaleur écrase mes compagnons. Ils font la sieste pendant que je voisine.

Madame Anne, tout en filant sa laine et grondant ses poulets, qui trottent par la chambre, me fait offre de tous ses services de voisinage avec beaucoup de grâce.

— Au reste, ajoute-t-elle, vous ne manquerez de rien au milieu de nous. On n'est pas riche, mais on est de bon cœur. Le monde d'ici oblige sans intérêt, et il y a, dans notre village, des gens gênés qui ne demandent jamais rien et offrent le peu qu'ils ont.

Puis elle me parle de sa famille, dont elle est fière, de ses garçons qui ont été au service, de ceux qui sont restés près d'elle pour cultiver les terres, et de sa défunte fille, mariée à notre ami Moreau;

et de son autre fille, madame Anne, qui est la plus aimable personne du monde, cela est certain; et, enfin de sa petite-fille, mademoiselle Marie Moreau, qui est, selon elle, la beauté du village.

Elle ne m'avait pas semblé telle; mais elle arrive sur ces entrefaites, perchée sur les crochets à fourrage d'un grand cheval maigre. Elle est coiffée d'un mouchoir bleu qui cache à demi son front et tombe le long de ses joues. Sous le froid reflet de cette capote improvisée, elle est du ton rose le plus fin et le plus pur; son attitude et son accent sont singulièrement dégagés.

— Grand'mère, donnez-moi à boire! crie-t-elle d'une voix fraîche et forte en s'arrêtant au bas de l'escalier. Je suis crevée de soif.

La grand'mère lui passe un verre d'eau fraîche, qu'elle avale d'un trait, et qu'elle savoure après coup, en faisant claquer sa langue, en riant et en montrant ses deux rangées de petites dents éblouissantes, qui sont le cachet de la race locale. La sueur miroite sur ses joues, son œil est animé, sa figure hardie et candide.

Elle s'en va charger son cheval au champ, et rapporter le blé à la grange. Ses mouvements sont souples et assurés, son rire est harmonieux; son entrain est d'un garçon, mais sa figure est d'une femme charmante, et, fouaillant son cheval, sur lequel elle se tient, je ne sais comment, perchée sur cette haute cage, elle descend crânement le sentier rapide.

Ainsi vaillante au travail et triomphante au soleil, cette Cérès berrichonne est d'une beauté étrange mais incontestable.

Une autre beauté brune, mais pâle et grave d'expression, un peu lourde et nonchalante d'allures, mérite une mention particulière. Amyntas l'a baptisée la belle Thérance, bien qu'elle ne rendît pas le type du Bourbonnais auquel ce nom se rapporte.

Je vous la nomme ainsi pourtant pour mémoire, car cette beauté doit avoir une histoire quelconque, et nous la saurons pour la raconter s'il y a lieu.

Mais ce n'est pas le moment d'étudier la vie de sentiment ici. La moisson absorbe tout; c'est le point de départ d'une année de richesse ou de gêne. La jeunesse, la beauté ou la grâce, y coopèrent avec autant d'activité que la force virile, et cela se fait si résolûment et si gaiement, que l'on ne songe point à plaindre le sexe faible. Il semble que cette épithète serait injurieuse ici, et que la vigueur des muscles soit, comme dans l'œuvre de Michel-Ange, la base et la cause première de la beauté féminine dans ses types de choix.

Il y a pourtant aussi des types très-fins et très-délicats, probablement peu appréciés, et cette beauté d'expression étonnée et ingénue de l'adolescence que l'on chercherait en vain ailleurs que dans les campagnes.

Dans les villes, la physionomie de l'enfance passe sans transition à celle de la jeune fille sérieuse ou agaçante.

Aux champs, cet âge mixte est comme un temps d'arrêt où l'être attend son complément sans que l'imagination le devance. Ces fillettes maigres ont toutes l'œil clair et sans regard de leurs chèvres; mais, agiles et fortes déjà, elles n'ont pas l'allure disloquée et la gaucherie émue de nos filles de douze à quatorze ans.

Les enfants, avec leur joli *bonjour*, auquel pas un ne manque, même ceux qui savent à peine dire quelques mots, nous gagnent irrésistiblement le cœur. Ceux de chez nous sont naturellement farouches comme des oiseaux, et il faut se donner la peine de les apprivoiser. Pour cela, hélas! il faut les corrompre avec des friandises, comme de petits animaux, ou avec des cadeaux utiles, comme de petits hommes.

Nous avons résisté au désir de gâter ceux d'ici, et nous n'avons encore échangé avec eux que des jeux et des caresses. Nous ne serons pas longtemps si stoïques; mais nous aurons alors la fatuité de pouvoir nous dire que nous avons été *aimés pour nous-mêmes* au commencement.

Nous partons; car il nous faut, pour une plus longue station, d'humbles conditions d'établissement qui nous permettent de ne pas mener tout à fait la vie d'oisifs au milieu de ces gens laborieux. L'observation n'est pas un état : l'homme qui se sent examiné fuit ou pose. L'observation n'est qu'une occasion qui se prend aux cheveux. Elle passera devant nous quand nous ne serons plus, nous-mêmes, des objets d'étonnement et de curiosité.

Madame Rosalie a enfin trouvé une servante pour l'aider à faire notre soupe.

C'est une grosse fille à l'air doux, que l'on appelle *mademoiselle* gros comme le bras, et pour cause; c'est la dernière descendante d'une grande famille du pays.

Son père, M. de ***, de la branche des Montmorency-Fosseux, et petit-gendre ou petit-fils des anciens seigneurs de Châteaubrun (tel est le renseignement un peu vague que nous donne notre hôtesse), est aujourd'hui garde champêtre du village.

Il a eu un peu de bien, qu'il a mangé *par bon cœur*, et il a épousé sa servante. On l'aime beaucoup. Tant il y a que sa fille tient, sans morgue, la queue de la poêle, et que l'on entend, dans la cuisine de l'auberge, la voix de l'hôte disant à sa femme :

— Prie donc mademoiselle de Montmorency d'aller tirer de l'eau à la fontaine !

Nous partons, comblés de politesses et d'amitiés.

Le maitre d'école nous force à accepter un pigeonneau, et Moreau remplit notre panier de truites.

Herminea, qui a encore eu un peu de migraine, ne sait à qui entendre, tout le monde voulant savoir si elle est guérie. Nul n'a intérêt à lui complaire, tous sont frappés de sa grâce et de sa douceur, et lui témoignent leur sympathie.

Vraiment, nous ne quittons jamais cet aimable village sans un regret attendri. Y aura-t-il plus tard un revers de médaille, comme à toutes les choses de ce bas monde?

Nous verrons bien!

LE BERRY

I

MŒURS ET COUTUMES

On m'a fait l'honneur ou plutôt l'amitié de me dire quelquefois (car l'amitié seule peut trouver de pareilles comparaisons) que j'avais été le Walter Scott du Berry. Plût à Dieu que je fusse le Walter Scott de n'importe quelle localité ! Je consentirais à être celui de Quimper-Corentin, pourvu que je pusse mériter la moitié du parallèle. — Mais ce n'est pas la faute du Berry, s'il n'a pas trouvé son Walter Scott. Toute province, explorée avec soin ou révélée à l'observation par une longue habitude, offre certainement d'amples sujets au chroniqueur, au peintre, au romancier, à l'archéologue. Il n'est point de paysage si humble, de bourgade si ignorée, de population si tranquille, que l'artiste n'y découvre ce qui échappe au regard du passant indifférent ou désœuvré.

Le Berry n'est pas doué d'une nature éclatante. Ni le paysage ni l'habitant ne sautent aux yeux par le côté pittoresque, par le caractère tranché. C'est la patrie du calme et du sang-froid. Hommes et plantes, tout y est tranquille, patient, lent à mûrir. N'y allez chercher ni grands effets ni grandes passions. Vous n'y trouverez de drames ni dans les choses ni dans les êtres. Il n'y a là ni grands rochers, ni bruyantes cascades, ni sombres forêts, ni cavernes mystérieuses... des brigands encore moins! Mais des travailleurs paisibles, des pastoures rêveuses, de grandes prairies désertes où rien n'interrompt, ni le jour ni la nuit, le chant monotone des insectes; des villes dont les mœurs sont stationnaires, des routes où, après le coucher du soleil, vous ne rencontrez pas une âme, des pâturages où les animaux passent au grand air la moitié de l'année, une langue correcte qui n'a d'inusité que son ancienneté, enfin tout un ensemble sérieux, triste ou riant, selon la nature du terrain, mais jamais disposé pour les grandes émotions ou les vives impressions extérieures. Peu de goût, et plutôt, en beaucoup d'endroits, une grande répugnance pour le progrès. La prudence est partout le caractère distinctif du paysan. En Berry, la prudence va jusqu'à la méfiance.

Le Berry offre, dans ces deux départements, des contrastes assez tranchés, sans sortir cependant du caractère général. Il y a là, comme dans toutes les étendues de pays un peu considérables, des landes, des terres fertiles, des endroits boisés, des espaces découverts et nus : partant, des différences dans les types d'habitants, dans leurs goûts, dans leurs usages. Je ne me laisserai pas entraîner à une description complète, je n'y serais pas compétent, et je sortirais des bornes de mon sujet, qui est de faire ressortir une sorte de type général, lequel résume, je crois, assez bien le caractère de l'ensemble.

Ce résumé de la couleur essentielle du Berry, je le prends sous ma main, dans le coin que j'habite et dont je ne sors presque plus, dans l'ensemble de vallons et de plaines que j'appelle la *vallée Noire*, et qui forme géographiquement, en effet, une grande vallée de la surface de quarante lieues carrées environ.

Cette vallée, presque toute fertile et touchant à la Marche et au Bourbonnais vers le midi, est le point le plus reculé de la province et le plus central de la France. Ses tendances stationnaires, l'antiquité de ses habitudes et la conservation de son vieux langage s'expliquent précisément par cette situation. Les routes y sont une invention toute moderne; il n'y a pas plus de vingt ans que les transports et les voyages s'y font avec facilité, et on ne peut pas dire encore qu'ils s'y fassent avec promptitude. Rien n'attire l'étranger chez nous; le voisin y vient à peine; aucune ligne de grande communication ne traverse nos hameaux et nos villes, et ne les met en rapport avec des gens d'un peu loin. Un pays ainsi placé se suffit longtemps à lui-même quand il est productif et salubre. Le petit bourgeois s'imagine que sa petite ville est la plus belle de l'univers, le paysan estime que nulle part sous le ciel ne mûrit un champ aussi bien cultivé que le sien. De là l'immobilité de toutes choses. Les vieilles superstitions, les préjugés obstinés, l'absence d'industrie, l'*arcan* antique, le travail lent et dispendieux des grands bœufs, le manque de bien-être dont on ne s'aperçoit pas, parce qu'on ne le connaît pas, une certaine fierté à la fois grandiose et stupide, un grand fonds d'égoïsme, et de là aussi certaines vertus et certaine poésie qui sont effacées ailleurs ou remplacées par autre chose.

Le travail de la terre absorbe partout le paysan. Il est soutenu, lent et pénible. Dans notre vallée Noire, on laboure encore à sillons étroits et profonds avec des bœufs superbes et une charrue sans roues, la même dont on se servait du temps des Romains. On moissonne encore le blé à la faucille, travail écrasant pour l'homme et dispendieux pour le fermier. Les prairies naturelles sont magnifiques, mais insuffisantes pour la nourriture des bestiaux, et, par conséquent, pour l'engrais de la terre. Impossible de faire comprendre au cultivateur berrichon qu'un moindre espace de terrain *emblédé* (comme il dit pour emblavé) rapporterait le triple et le quadruple s'il était abondamment fumé, et que le reste de cette terre amaigrie et épuisée fût consacré à des prairies artificielles. « Mettre du trèfle et de la luzerne là où le blé peut pousser! vous répond-il; ah! ce serait trop dommage! » Il croit que Dieu lui a donné cette bonne terre pour n'y semer jamais que du froment, c'est pour lui le grain sacré; et y laisser pousser autre chose serait une profanation dont le ciel le punirait en frappant son champ de stérilité.

Le paysan de la vallée Noire est généralement trapu et ramassé jusqu'à l'âge de vingt ans. Il grandit tard et n'est complétement développé qu'après l'âge où la conscription s'empare de lui. Il se marie jeune, et est réputé vieux pour le mariage, très-vieux à trente ans. Il est grand et maigre quand il a atteint toute sa force, et reste maigre, droit et fort jusque dans un âge très-avancé. Il n'est pas rare de voir travailler un homme de quatre-vingts ans, et à soixante ans un ouvrier est plus fort et plus soutenu à la peine qu'un jeune homme. Ils ont peu d'infirmités, et ne craignent que le passage du chaud au froid. C'est ce qu'ils appellent la *sang-glaçure*. Aussi redoutent-ils la transpiration, et nul n'a droit de dire à un ouvrier d'aller plus vite qu'il ne veut. Pourvu qu'il ne s'arrête pas, il a le droit d'aller lentement. Personne ne peut exiger qu'il *s'échauffe*. « Voudriez-vous donc me faire *échauffer?* » dirait-il. S'il *s'échauffait*, il en pourrait mourir.

Il a raison. Nous autres coutumiers d'oisiveté physique, nous avons un grand besoin de mouvement accidentel, et la transpiration sauverait l'homme des villes, dont le sang se glace dans le travail sédentaire. Le paysan, habitué à braver l'ardeur du soleil, est affaibli, surmené, brisé, dès qu'il transpire. C'est un état exceptionnel auquel il faut se garder de l'exposer. Il en résulte presque toujours pour lui fluxion de poitrine ou rhumatisme aigu, et cette dernière maladie est chez lui d'une obstination incroyable. Elle résiste à presque tous les remèdes qui agissent sur nous.

Le paysan de chez nous, ayant des habitations assez saines en général, vivant en bon air, travaillant avec calme et ne manquant presque jamais de son vin aigrelet et léger qu'il boit sans eau, serait dans les meilleures conditions hygiéniques s'il mangeait tous les jours un peu de viande. Mais, lui qui fournit de bœufs gras les marchés de Poissy, il ne mange de la viande que les jours de fête. Beaucoup n'en mangent jamais. Sa maigre soupe au beurre, son pain d'orge trop lourd, ses légumes farineux, sont une nourriture insuffisante, et ses maladies viennent toutes d'épuisement. Après la fauchaille et la moisson, s'il prend *les fièvres*, il en a pour des mois entiers. Et alors, pour celui qui n'a que ses bras, vient à grands pas la misère.

Les femmes ne connaissent guère le travail. Les enfants en sont mieux soignés ; mais le ménage est aux abois quand le chef de la famille est au lit ou pâle et tremblotant sur le seuil de sa cabane. Jusqu'au mariage, les filles sont pastoures ou servantes dans les métairies et dans les villes. Dès qu'elles ont une famille, elles ne quittent plus la maison, elles font la soupe, filent, tricotent ou rapiècent. Tout cela se fait si lentement et si mollement qu'il y a bien du temps perdu, et qu'on regrette l'absence d'une industrie qui les occuperait et les enrichirait un peu, sans les arracher à leurs occupations domestiques.

Jusqu'au mariage, elles sont assez pimpantes et coquettes; même les plus pauvres savent prendre un certain air les jours de fête. Elles sont néanmoins douces et modestes, et, là où le bourgeois n'a point passé, les mœurs sont pures et patriarcales. Mais le bourgeois, le vieux bourgeois surtout, est l'ennemi de ces vertus rustiques. C'est triste à dire, mais le propriétaire, celui qu'on appelle encore *le maître*, séduit à peu de *frais* et impose le déshonneur aux familles par l'intérêt et par la crainte.

Le mariage est la seule grande fête de la vie d'une paysanne. Il y a encore ce généreux amour-propre qui consiste à faire manger la subsistance d'une année dans les trois jours de la noce. Cependant les cérémonies étranges de cette solennité tendent à se perdre. J'ai vu finir celle des *livrées*, qui se faisait la veille du mariage et qui avait une couleur bien particulière. Je l'ai racontée quelque part, ainsi que celle du *chou*, qui se fait le lendemain de la noce;

mais, cette dernière étant encore en vigueur, je crois devoir y revenir ici.

Ce jour-là, les noceux quittent la maison avec les mariés et la musique ; on s'en va en cortége arracher dans quelque jardin le plus beau chou qu'on puisse trouver. Cette opération dure au moins une heure. Les anciens se forment en conseil autour des légumes soumis à la discussion qui précède le choix définitif : ils se font passer, de nez à nez, une immense paire de lunettes grotesques, ils se tiennent de longs discours, ils dissertent, ils consultent, ils se disent à l'oreille des paroles mystérieuses, ils se prennent le menton ou se grattent la tête comme pour méditer ; enfin ils jouent une sorte de comédie à laquelle doit se prêter quiconque a de l'esprit et de l'usage parmi les graves parents et invités de la noce.

Enfin le choix est fait. On dresse des cordes qu'on attache au pied du chou dans tous les sens. Un prétendu géomètre ou nécromant (c'est tout un dans les idées de l'assistance) apporte une manière de compas, une règle, un niveau, et dessine je ne sais quels plans cabalistiques autour de la plante consacrée. Les fusils et les pistolets donnent le signal. La vielle grince, la musette braille; chacun tire la corde de son côté, et enfin, après bien des hésitations et des efforts simulés, le chou est extrait de la terre et planté dans une grande corbeille avec des fleurs, des rubans, des banderoles et des fruits. Le tout est mis sur une civière que quatre hommes des plus vigoureux soulèvent et vont emporter au domicile conjugal.

Mais alors apparaît tout à coup un couple effrayant, bizarre, qu'accompagnent les cris et les huées des chiens effrayés et des enfants moqueurs. Ce sont deux garçons dont l'un est habillé en femme. C'est le *jardinier* et la *jardinière*. Le mari est le plus sale des deux. C'est le vice qui est censé l'avoir avili; la femme n'est que malheureuse et dégradée par les désordres de son époux. Ils se disent préposés à la garde et à la culture du chou sacré.

« Le mari porte diverses qualifications qui toutes ont un sens. On l'appelle indifféremment le *pailloux*, parce qu'il est parfois coiffé d'une perruque de paille et qu'il se rembourre le corps de bosses de paille, sous sa blouse; le *peilloux*, parce qu'il est couvert de *peilles* (guenilles, en vieux français; Rabelais dit *peilleroux* et *coqueteux* quand il parle des mendiants); enfin le *païen*, ce qui est plus significatif encore.

» Il arrive le visage barbouillé de suie et de lie de vin, quelquefois couronné de pampres comme un Silène antique, ou affublé d'un masque grotesque. Une tasse ébréchée ou un vieux sabot pendu à sa ceinture lui sert à demander l'aumône du vin. Personne ne la lui refuse, et il feint de boire immodérément, puis il répand le vin par terre, en signe de libation, à chaque pas.

» Il tombe, il se roule dans la boue, il affecte d'être en proie à l'ivresse la plus honteuse. Sa pauvre *femme* court après lui, le ramasse, appelle au secours, arrache les cheveux de chanvre qui sortent en mèches hérissées de sa cornette immonde, pleure sur l'abjection de son mari, et lui fait des reproches pathétiques.

» Tel est le rôle de la jardinière, et ses lamentations durent pendant toute la comédie. Car c'est une véritable comédie libre, improvisée, jouée en plein air, sur les chemins, à travers champs, alimentée par tous les incidents fortuits de la promenade, et à laquelle tout le monde prend part, gens de la noce et du dehors, hôtes des maisons et passants des chemins, durant une grande partie de la journée. Le thème est invariable, mais on brode à l'infini sur ce thème, et c'est là qu'il faut voir l'instinct mimique, la faconde de sang-froid, l'esprit de repartie et même l'éloquence naturelle de nos paysans.

» Le rôle de la jardinière est ordinairement confié à un homme mince, imberbe et à teint frais, qui sait donner une grande vérité à son personnage et jouer le désespoir burlesque avec assez de naturel pour qu'on en soit égayé et attristé en même temps, comme d'un fait réel.

» Après que le malheur de la *femme* est constaté par ses plaintes, les jeunes gens de la noce l'engagent à laisser là son ivrogne de mari et à se divertir avec eux. Ils lui offrent le bras et l'entraînent. Peu à peu elle s'abandonne, s'égaye, se met à courir tantôt avec l'un, tantôt avec l'autre, prenant des allures dévergondées. Ceci est une *moralité*. L'inconduite du mari provoque celle de la femme.

» Le *païen* se réveille alors de son ivresse. Il cherche des yeux sa compagne, s'arme d'une corde et d'un bâton et court après elle. On le fait courir, on se cache, on passe la *païenne* de l'un à l'autre, on essaye de distraire et de tromper le jaloux. Enfin, il rejoint son infidèle et veut la battre; mais tout le monde s'interpose. *Ne la battez pas, ne battez jamais votre femme!* est la formule qui se répète à satiété dans ces scènes.

» Il y a dans tout cela un enseignement naïf, grossier même, qui sent fort son moyen âge, mais qui fait toujours impression sur les assistants. Le païen effraye et dégoûte les jeunes filles qu'il poursuit et feint de vouloir embrasser; c'est de la comédie de mœurs à l'état le plus élémentaire, mais aussi le plus frappant.

» Mais pourquoi ce personnage repoussant doit-il, le premier, porter la main sur le chou dès qu'il est replanté dans la corbeille? Ce chou sacré est l'emblème de la fécondité matrimoniale; mais cet ivrogne, ce vicieux, ce païen, quel est-il? Sans doute il y a là un mystère antérieur au christianisme, la tradition de quelque bacchanale antique. Peut-être ce jardinier n'est-il pas moins que le dieu des jardins en personne, à qui l'antiquité rendait un culte sérieux sous des formes obscènes. En passant par le christianisme primitif, cette représentation est devenue une sorte de *mystère, sotie* ou *moralité*, comme on en jouait dans toutes les fêtes [1]. »

Quoi qu'il en soit, le chou est porté au logis des mariés et planté de la main du païen sur le plus haut du toit. On l'arrose de vin, et on le laisse là jusqu'à ce que l'orage l'emporte; mais il y reste quelquefois assez longtemps pour qu'en le voyant verdir ou se sécher, on puisse tirer des inductions sur la fécondité ou la stérilité promise à la famille.

Après le chou, on danse et on mange encore jusqu'à la nuit.

La danse est uniformément l'antique bourrée, à quatre, à six ou à huit. C'est un mouvement doux

---

1. *La Mare au diable.*

chez les femmes, accentué chez les hommes, très-monotone, toujours en avant et en arrière, entrecoupé d'une sorte de chassé croisé. C'est quasi impossible à danser, si l'on n'est pas né ou transplanté depuis longtemps en Berry. La difficulté, dont on ne se rend pas compte d'abord, vient du sans-gêne des ménétriers, qui vous volent, quand il leur plaît, une demi-mesure; alors, il faut reprendre le pas en l'air pour rattraper la mesure. Les paysans le font instinctivement et sans jamais se dérouter.

La cornemuse à petit ou à grand bourdon est un instrument barbare, et cependant fort intéressant. Privé de demi-tons accidentels, n'ayant juste que la gamme majeure, il serait un obstacle invincible entre les mains d'un musicien. Mais le musicien naturel, le cornemuseux du Berry (formé presque toujours en Bourbonnais) sait tirer de cette impuissance de son instrument un parti inconcevable. Il joue tout ce qu'il entend ; majeur ou mineur, rien ne l'embarrasse. Il en résulte des aberrations musicales qui font souvent saigner les oreilles, mais qui parfois aussi frappent de respect et d'admiration par l'habileté, l'originalité, la beauté des modulations ou des interprétations. On est tenté alors de se demander si cette violation hardie des règles n'est pas seulement la violation heureuse de nos habitudes, et si la musique, comme la langue, n'est pas quelque chose à côté et même en dehors de tout ce que nous avons inventé et consacré.

Après la danse, le mariage, la fête, voici la dernière solennité : la mort, la sépulture. Dans un large chemin pierreux, bordé de têtaux sinistres dénudés par l'hiver, par une journée de gelée claire et froide, vous rencontrez quelquefois un char rustique traîné par quatre jeunes taureaux nouvellement liés au joug. C'est le corbillard du paysan. Ses fils conduisent l'attelage, l'aiguillon relevé, le chapeau à la main. De chaque côté viennent les femmes, couvertes, en signe de deuil, de leurs grandes mantes gros bleu, avec le capuchon sur la tête. Elles portent des cierges. Au prochain carrefour, on s'arrêtera pour déposer, au pied de la grande croix de bois qui marque ces rencontres de quatre voies, une petite croix grossièrement taillée dans un copeau. A chaque carrefour, même cérémonie. Cet emblème déposé et planté autour de l'emblème du salut est l'hommage rendu par le mort qui fait sa dernière course à travers la campagne pour gagner son dernier gîte. C'est par là qu'il se recommande aux prières des passants. Il n'est pas de croix de carrefour qui ne soit entourée de ces petites croix des funérailles. Elles y restent jusqu'à ce qu'elles tombent en poussière ou que les troupeaux, moins respectueux que les enfants qui jouent autour sans y toucher, les aient dispersées et brisées sous leurs pieds. Quand le cortége d'enterrement arrive là, on rallume les cierges, on s'agenouille, on psalmodie une prière, on jette de l'eau bénite sur le cercueil, et on se remet en route dans un profond silence. Nulle part je n'ai vu l'appareil de la mort plus grand, plus austère et plus religieux dans son humble simplicité.

Lorsque le christianisme s'introduisit dans les campagnes de la vieille France, il n'y put vaincre le paganisme qu'en donnant droit de cité dans son culte à diverses cérémonies antiques pour lesquelles les paysans avaient un attachement invincible. Tels furent les honneurs rendus aux images et aux statuettes des saints placées dans certains carrefours, ou sous la voûte de certaines fontaines lustrales, ou lavoirs publics. Nous voyons, aux premiers temps du christianisme, des Pères de l'Église s'élever avec éloquence contre la coutume idolâtrique d'orner de fleurs et d'offrandes les statues des dieux. Plus spiritualistes que ne l'est notre époque, ils veulent qu'on adore le vrai Dieu en esprit et en vérité. Ils proscrivent les témoignages extérieurs ; ils voudraient détruire radicalement le matérialisme de l'ancien monde.

Mais avec le peuple attaché au passé il faut toujours transiger. Il est plus facile de changer le nom d'une croyance que de la détruire. On apporte une foi nouvelle, mais il faut se servir des anciens temples, et consacrer de nouveau les vieux autels. C'est ainsi qu'en beaucoup d'endroits les pierres druidiques ont traversé la domination romaine et la domination franque, le polythéisme et le christianisme primitif, sans cesser d'être des objets de vénération, et le siége d'un culte particulier assez mystérieux, qui cache ses tendances cabalistiques sous les apparences de la religion officielle.

Ce qu'on eût le plus difficilement extirpé de l'âme du paysan, c'est certainement le culte du dieu Terme. Sans métaphore et sans épigramme, le culte de la borne est invinciblement lié aux éternelles préoccupations de l'homme dont la vie se renferme dans d'étroites limites matérielles. Son champ, son pré, sa terre, voilà son monde. C'est par là qu'il se sent affranchi de l'antique servage. C'est sur ce coin du sol qu'il se croit maître, parce qu'il s'y sent libre relativement, et ne relève que de lui-même. Cette pierre qui marque le sillon où commence pour le voisin son empire, c'est un symbole bien plus qu'une barrière, c'est presque un dieu, c'est un objet sacré.

Dans nos campagnes du centre, où les vieux us règnent peut-être plus qu'ailleurs, le respect de la propriété ne va pas tout seul, et les paysans ont recours, les uns contre les autres, à la religion du passé, beaucoup plus qu'au principe de l'équité publique. On ne se gêne pas beaucoup pour reculer tous les ans d'un sillon la limite de son champ sur celui du voisin inattentif. Mais ce qu'on déplace ainsi, c'est une pierre quelconque, que l'on met en évidence, et qu'au besoin on pourra dire soulevée là par le hasard. Un jour où le propriétaire lésé s'aperçoit qu'on a gagné dix sillons sur sa terre ; il s'inquiète, il se plaint, il invoque le souvenir de ses autres *jouxtans* (on appelle encore la borne du nom latin de *jus droit*); les enfants s'en servent même dans leurs jeux pour désigner le but conventionnel). Alors, quand le réclamant a assemblé les arbitres, on signale la fraude et on cherche la borne véritable, l'ancien terme qu'à moins d'un sacrilége en lui-même beaucoup plus redoutable que la fraude, le délinquant n'a pu se permettre d'enlever. Il est bien rare qu'on ne le retrouve pas. C'est une plus grosse pierre que toutes les autres, enfoncée à une assez grande profondeur pour que le socle de la charrue n'ait pu la soulever. Cette pierre brute, c'est le dieu antique. Pour l'arracher de sa base, il eût fallu deux choses : une audace de scepticisme dont la mauvaise foi elle-même ne se sent pas souvent capable, et un travail particulier qui eût rendu la trahison évidente; il eût fallu venir la nuit, avec d'autres instruments que la charrue, choisir le temps où la terre est en jachère, et où le blé arraché et foulé, le sillon interrompu, ne peuvent pas laisser de traces révélatrices. Enfin, c'est parfois un rude ouvrage : la pierre est lourde, il faut la transporter et la transplanter plus loin, au risque de ne pouvoir en venir à bout tout seul. Il faut un ou plusieurs complices. On ne s'expose guère à cela pour un ou plusieurs sillons de plus.

Quand l'expertise est faite, quand chacun, ayant donné sa voix, déclare que là doit être le *jus* primitif, on creuse un peu, et on retrouve le dieu disparu sous l'exhaussement progressif du sol. Le faux dieu est brisé, et la limite est de nouveau signalée et consacrée. Le fraudeur en est quitte pour dire qu'il s'était trompé, qu'une grosse pierre emportée peu à peu par le travail du labourage a causé sa méprise, et qu'il regrette de n'avoir pas été averti plus tôt. Cela laisse bien quelques doutes, mais il n'a pas touché aux vrai *jus*, il n'est pas déshonoré.

En général, le *jus* sort de terre de quelques centimètres, et, le dimanche des Rameaux, il reçoit l'hommage du buis bénit, comme celui des Romains recevait un collier ou une couronne de feuillage.

Les eaux lustrales, d'origine hébraïque, païenne, indoue, universelle probablement, reçoivent aussi chaque année des honneurs et de nouvelles consécrations religieuses. Elles guérissent diverses sortes de maux, et principalement les plaies, paralysies et autres *estropiaisons*. Les infirmes y plongent leurs membres malades au moment de la bénédiction du prêtre ; les fiévreux boivent volontiers au même courant. La foi purifie tout.

Cette tolérance du clergé rustique pour les anciennes superstitions païennes ne devrait pas être trop encouragée par le haut clergé. Elle est contraire à l'esprit du véritable christianisme, et beaucoup d'excellents prêtres, très-orthodoxes, souffrent de voir leurs paroissiens matérialiser à ce point l'effet des bénédictions de l'Église. J'en causais, il y a quelques années, avec un curé méridional qui ne se plaisait pas autant que moi à retrouver et à ressaisir dans les coutumes religieuses de notre époque les traces mal effacées des religions antiques. « Quand j'entrai dans ma première cure, me disait-il, je vis le sacristain tirer d'un bahut de petits monstres fort indécents, en bois grossièrement équarri, qu'il prétendait me faire bénir. C'était l'ouvrage d'un charron de la paroisse, qui les avait fabriqués à l'instar d'anciens prétendus bons saints réputés souverains pour toute sorte de maux physiques. Ces modèles avaient été certainement des figures de démons du moyen âge, qui eux-mêmes n'étaient que le souvenir traditionnel des dieux obscènes du paganisme. Mon prédécesseur avait eu le courage de les jeter dans le feu de sa cuisine ; mais, depuis ce moment, une maladie endémique avait décimé la commune, et, sans nul doute, selon mes ouailles crédules, la destruction des idoles était la cause du fléau ; aussi le charron s'était-il fait fort d'en tailler de tout pareils qui seraient aussi bons quand on les aurait bénits et promenés à la suite du saint sacrement. Je me refusai absolument à commettre cette profanation, et, prenant les nouveaux saints, je fis comme mon prédécesseur, je les brûlai ; mais je faillis payer cette hardiesse de ma vie : mes paroissiens s'ameutèrent contre moi, et je fus obligé de transiger. Je fis venir de nouveaux saints, des figures quelconques, un peu moins laides et beaucoup plus honnêtes, que je dus bénir et permettre d'honorer sous les noms des anciens protecteurs de la paroisse ; je vis bientôt que le culte des paysans est complétement idolâtrique, et que leur hommage ne s'adresse pas plus à l'Être spirituel dont les figures personnifient le souvenir, que leur croyance n'a pour objet les célestes bienheureux. C'est à la figure même, c'es à la pierre ou au bois façonné qu'ils croient, c'est l'idole qu'ils saluent et qu'ils prient. Mes nouveaux saints n'eurent jamais de crédit sur mon troupeau. Ils n'étaient pas *bons*, ils ne guérissaient pas. Je ne pus jamais faire comprendre qu'aucune image n'est douée de vertu miraculeuse dans le sens matériel que la superstition y attache. Le conseil de fabrique me savait très-mauvais gré de ne pas spéculer sur la crédulité populaire. »

Ce curé n'est pas le seul à qui j'aie vu déplorer le matérialisme de la religion du paysan. Plusieurs défendent d'employer le buis bénit au coin des champs comme préservatif de la grêle, et de faire des pèlerinages pour la guérison des bêtes ; mais on ne les écoute guère, on les trompe même. On extorque leurs bénédictions comme douées d'un charme magique, en leur signalant un but qui n'est pas le véritable. On mêle volontiers des objets bénits aux maléfices, où, sous des noms mystérieux, des divinités étrangères au christianisme sont invoquées tout bas. Le sorcier des campagnes a, dans l'esprit, un singulier mélange de crainte de Dieu et de soumission au diable, dont nous parlerons peut-être dans l'occasion.

Disons, en passant, que le remégeux et la remégeuse sont parfois des êtres fort extraordinaires, soit par la puissance magnétique dont les investit la foi de leur clientèle, soit par la connaissance de certains remèdes fort simples que le paysan accepte d'eux, et qu'il ne croirait pas efficaces venant d'un médecin véritable. La science toute nue ne persuade pas ces esprits avides de merveilles ; ils méprisent ce qui est acquis par l'étude et l'expérience ; il leur faut du fantastique, des paroles incompréhensibles, de la mise en scène. Certaine vieille sibylle, prononçant ses formules d'un air inspiré, frappe l'imagination du malade, et, pour peu qu'elle explique avec bonheur une médication rationnelle, elle obtient des parents et des amis qui le soignent ce que le médecin n'obtient presque jamais : que ses prescriptions soient observées.

Sans doute, la surveillance de l'État fait bien de proscrire et de poursuivre l'exercice de la médecine illégale, car, dans un nombre infini de cas, les remégeux administrent de véritables poisons. Quelques-uns cependant opèrent des cures trop nombreuses et trop certaines pour qu'il ne soit pas à désirer de voir l'État leur accorder quelque attention. La tradition, le hasard de certaines aptitudes naturelles, peuvent les rendre possesseurs de découvertes qui échappent à la science, et qui meurent avec eux. Les empêcher d'exercer n'est que sagesse et justice, mais éprouver la vertu de leurs prétendus secrets et les leur acheter, s'il y a lieu, ce ne serait pas là une recherche oiseuse ni une largesse inutile.

En dehors de la superstition, le paysan a partout des coutumes locales dont l'origine est fort difficile à retrouver. Le nombre en est si grand, que nous ne saurions les classer avec ordre ; nous en prendrons quelques-unes au hasard.

Une des plus curieuses est la cérémonie des *livrées de noces*, qui varie en France selon les provinces, et qui a été supprimée en Berry depuis une dizaine d'années, à la suite d'accidents graves. Dans un endroit précédent, nous avons raconté la cérémonie toute païenne du chou, qui est encore en vigueur dans notre vallée Noire : c'est la consécration du lendemain des noces. Celle des livrées était la consécration de la veille ; elle est fort longue et compliquée, c'est tout un drame poétique et naïf qui se jouait autour et au sein de la demeure de l'épousée.

C'est le soir, à l'heure du souper de la famille. Mais il n'y a point de souper préparé, ce soir-là, chez la fiancée. Les tables sont rangées contre le mur, la nappe est cachée, le foyer est vide et glacé, quelque temps qu'il fasse. On a fermé avec un soin extrême et barricadé d'une manière formidable à l'intérieur toutes les *huisseries*, portes, fenêtres, lucarne de grenier, soupirail de cave, quand, par hasard, la maison a une cave. Personne n'entrera sans la volonté de la fiancée, ou sans une lutte sérieuse, un véritable siége ; ses parents, ses amis, ses voisins, tout son *parti* est autour d'elle ; on attend la prière ou l'assaut du fiancé.

Le *jeune marié*, — on ne dit jamais autrement, quel que soit son âge, et, en fait, c'est, chez nous, presque toujours un garçonnet à qui le poil follet voltige encore au menton, — vient là avec son monde, ses amis, parents et voisins, son *parti* en un mot. Près de lui, ce porteur de thyrse fleuri et enrubané, c'est un expert porte-broche, car, sous ces feuillages, il y a une oie embrochée qui fait tout l'objet de la cérémonie ; autour de lui sont les porteurs de présents et les chanteurs *fins*, c'est-à-dire habiles et savants, qui vont avoir maille à partir avec ceux de la mariée.

Le marié s'annonce par une décharge de coups de feu ; puis, après qu'on a bien cherché, mais inutilement, un moyen de s'introduire dans la place par surprise, on frappe. — Qui va là ? — Ce sont de pauvres pèlerins bien fatigués ou des chasseurs égarés qui demandent place au foyer de la maison. — On leur répond que le foyer est éteint, et qu'il n'y a pas place pour eux à table; on les injure, on les traite de malfaiteurs et de mauvaises gens, sans feu ni lieu; on parlemente longtemps; le dialogue, toujours pittoresque, est parfois rempli d'esprit et même de poésie; enfin on leur conseille de chanter pour se désennuyer, ou pour se réchauffer si c'est une nuit d'hiver, mais à condition qu'on chantera quelque chose d'inconnu à la compagnie qui, du dedans, les écoute.

Alors, une lutte lyrique commence entre les chanteurs du marié et ceux de la mariée, car elle aussi a ses *chanteux fins*, et, de plus, ses chanteuses expertes, matrones à la voix chevrotante, à qui l'on n'en impose point en donnant du vieux pour du neuf. Si l'on connaît, au dedans, la chanson du dehors, on l'interrompt dès le premier vers en chantant le second, et vite, il faut passer à une autre. Trois heures peuvent fort bien s'écouler, au vent et à la pluie, avant que le parti du marié ait pu achever un seul couplet, tant est riche le répertoire des chansons berrichonnes, tant la mémoire des beaux chanteurs est ornée; chaque réplique victorieuse du dedans est accompagnée de grands éclats de rire d'un côté, de malédictions de l'autre. Enfin l'un des partis est vaincu, et l'on passe à la chanson des noces :

> Ouvrez la porte, ouvrez,
> Mariée, ma mignonne !
> J'ons de beaux rubans à vous présenter.
> Hélas ! ma mie, laissez-nous entrer.

A quoi les femmes répondent en fausset :

> Mon père est en chagrin,
> Ma mère en grand' tristesse ;
> Moi, je suis une fille de trop grand prix
> Pour ouvrir ma porte à ces heures-ci.

Si les paroles sont naïves et la versification par trop libre, en revanche l'air est magnifique dans sa solennité simple et large. Il faut chanter dehors autant de couplets, et nommer chaque fois autant d'objets différents, au troisième vers, qu'il y a de cadeaux de noces.

Ces cadeaux du marié sont ce qu'on appelle les *livrées*. Il faut annoncer jusqu'au *cent d'épingles* obligé qui fait partie de cette modeste corbeille de mariage à quoi la mariée incorruptible fait répondre invariablement que son père est en chagrin, sa mère en grande tristesse, et qu'elle n'ouvre point sa porte à pareille heure.

Enfin arrive le couplet final, où il est dit : *J'ons un beau mari à vous présenter*, et la porte s'ouvre; mais c'est le signal d'une mêlée étrange : le marié doit prendre possession du foyer domestique ; il doit planter la broche et allumer le feu ; le parti de la mariée s'y oppose, et ne cédera qu'à la force ; les femmes se réfugient avec les vieillards sur les bancs et sur les tables ; les enfants, effrayés, se cachent dessous, les chiens hurlent, les fusils partent, c'est un combat sans colère, sans coups ni blessures volontaires, mais où le point d'honneur est pris assez au sérieux pour que chacun y déploie toute sa vigueur et toute sa volonté, si bien qu'à force de se pousser, de s'étreindre, de se tordre la broche entre les mains, j'ai vu peu de noces où il n'y eût quelqu'un d'écloppé, au moment où le marié réussissait à allumer une poignée de paille dans la cheminée, où l'oie, déchiquetée dans le combat, prenait enfin possession de l'âtre.

Un jour, la scène fut ensanglantée par un accident

sérieux. Un des conviés fut littéralement embroché dans la bataille. Dès lors, la cérémonie tomba en désuétude ; on fut d'accord sur tous les points de la supprimer, et nous avons vu la dernière il y a dix ans. On eût pu se borner à supprimer la bataille ; mais, la conquête du foyer étant le but-symbolique de l'affaire, on jugea que le reste n'aurait plus de sens. Je regrette pourtant les chansons à la porte, et la belle mélodie de : *Ouvrez la porte, ouvrez !* qui, n'ayant plus d'emploi, se perdra.

Après la broche plantée, venait pour le marié une dernière épreuve : on asseyait trois jeunes filles avec la mariée sur un banc, on les couvrait d'un drap, et, sans les toucher autrement qu'avec une petite baguette, le marié devait, du premier coup d'œil, deviner et désigner sa femme ; lorsqu'il se trompait, il était condamné à ne pas danser avec elle de toute la soirée ; car, ensuite, venaient le bal, le souper, et des chansons jusqu'au jour. Une noce comportait trois jours et trois nuits de joie et bombance, sans désemparer d'une heure.

La *gerbaude* est une cérémonie agricole que l'auteur de cet article a mise sur la scène très-fidèlement ; mais ce que le théâtre ne saurait reproduire, c'est la majesté du cadre, c'est la montagne de gerbes qui arrive solennellement, traînée par trois paires de bœufs énormes, tout ornée de fleurs, de fruits et de beaux enfants perchés au sommet des dernières gerbes. C'est parfois un tableau qui se compose comme pour l'œil des artistes. Tout cela est si beau par soi-même : les grands ruminants à l'œil fier et calme, la moisson ruisselante, les fleurs souriant sur les épis, et, plus que tout cela, les enfants blonds comme les gerbes, comme les bœufs, comme la terre couverte de son chaume, car tout est coloré harmonieusement dans ces chaudes journées où le ciel lui-même est tout d'or et d'ambre à l'approche du soir.

Avant le départ du charroi de gerbaude, on entend planer d'horizon en horizon une grande clameur dont le voyageur s'étonne. Il regarde, il voit des bandes de moissonnneurs et de glaneuses s'élancer, les bras levés vers le ciel et rugissant de triomphe, vers le chargeur qui lève vers le ciel aussi la dernière gerbe avant de la placer sur le faîte du char. Il semble que cette population de travailleurs se rue sur lui pour lui arracher la gerbe ; on croit qu'on va assister à une bataille furieuse, inique, de tous contre un seul ; mais loin de là ! c'est une acclamation de joie et d'amitié ; c'est une bénédiction enthousiaste et fraternelle.

Pauvres paysans, vous avez du beau et du bon quand même !

II

LES VISIONS DE LA NUIT DANS LES CAMPAGNES

Vous dire que je m'en moque serait mentir. Je n'en ai jamais eu, c'est vrai : j'ai parcouru la campagne à toutes les heures de la nuit, seul ou en compagnie de grands poltrons, et, sauf quelques météores inoffensifs, quelques vieux arbres phosphorescents et autres phénomènes qui ne rendaient pas fort lugubre l'aspect de la nature, je n'ai jamais eu le plaisir de rencontrer un objet fantastique et de pouvoir raconter à personne, comme témoin oculaire, la moindre histoire de revenant.

Eh bien, cependant je ne suis pas de ceux qui disent en présence des superstitions rustiques : *mensonge, imbécillité, vision de la peur*; je dis phénomène de vision, ou phénomène extérieur insolite et incompris. Je ne crois pour cela ni aux sorciers ni aux prodiges. Ces contes de sorciers, ces explications fantastiques données aux prétendus prodiges de la nuit, c'est le poëme des imaginations champêtres. Mais le fait existe, le fait s'accomplit, qu'il soit un fantôme dans l'air ou seulement dans l'œil qui le perçoit, c'est un objet tout aussi réellement et logiquement produit que la réflexion d'une figure dans un miroir.

Les aberrations des sens sont-elles explicables? ont-elles été expliquées? Je sais qu'elles ont été constatées, voilà tout: mais il est très-faux de dire et de croire qu'elles sont uniquement l'ouvrage de la peur. Cela peut être vrai en beaucoup d'occasions; mais il y a des exceptions irrécusables. Des hommes de sang-froid, d'un courage naturel éprouvé, et placés dans des circonstances où rien ne semblait agir sur leur imagination, même des hommes éclairés, savants, illustres, ont eu des apparitions qui n'ont troublé ni leur jugement ni leur santé, et dont cependant il n'a pas dépendu d'eux tous de ne pas se sentir affectés plus ou moins après coup.

Parmi grand nombre d'intéressants ouvrages publiés sur ce sujet, il faut noter celui du docteur Brierre de Boismont, qui analyse aussi bien que possible les causes de l'hallucination. Je n'apporterai après ces travaux sérieux qu'une seule observation utile à enregistrer, c'est que l'homme qui vit le plus près de la nature, le sauvage, et après lui le paysan, sont plus disposés et plus sujets que les hommes des autres classes aux phénomènes de l'hallucination. Sans doute, l'ignorance et la superstition les forcent à prendre pour des prodiges surnaturels ces simples aberrations de leurs sens; mais ce n'est pas toujours l'imagination qui les produit, je le répète; elle ne fait le plus souvent que les expliquer à sa guise.

Dira-t-on que l'éducation première, les contes de la veillée, les récits effrayants de la nourrice et de la grand'mère disposent les enfants et même les hommes à éprouver ce phénomène? Je le veux bien. Dira-t-on encore que les plus simples notions de physique élémentaire et un peu de moquerie voltairienne en purgeraient aisément les campagnes? Cela est moins certain. L'aspect continuel de la campagne, l'air qu'il respire à toute heure, les tableaux variés que la nature déroule sous ses yeux, et qui se modifient à chaque instant dans la succession des variations atmosphériques, ce sont là pour l'homme rustique des conditions particulières d'existence intellectuelle et physiologique; elles font de lui un être plus primitif, plus normal peut-être, plus lié au sol, plus confondu avec les éléments de la création que nous ne le sommes quand la culture des idées nous a séparés, pour ainsi dire, du ciel et de la terre, en nous faisant une vie factice enfermée dans le moellon des habitations bien closes. Même dans sa hutte ou dans sa chaumière, le sauvage ou le paysan vit encore dans le nuage, dans l'éclair et le vent qui enveloppent ces fragiles demeures. Il y a sur l'Adriatique des pêcheurs qui ne connaissent pas l'abri d'un toit; ils dorment dans leur barque, couverts d'une natte, la face éclairée par les étoiles, la barbe caressée par la brise, le corps sans cesse bercé par le flot. Il y a des colporteurs, des bohémiens, des conducteurs de bestiaux qui dorment toujours en plein air, comme les Indiens de l'Amérique du Nord. Certes, le sang de ces hommes-là circule autrement que le nôtre ; leurs nerfs ont un équilibre différent ; leurs pensées, un autre cours ; leurs sensations une autre manière de se produire. Interrogez-les, il n'en est pas un qui n'ait vu des prodiges, des apparitions, des scènes de nuit étranges, inexplicables. Il en est parmi eux de très-braves, de très-raisonnables, de très-sincères, et ce ne sont pas les moins hallucinés. Lisez toutes les observations recueillies à cet égard, vous y verrez, par une foule de faits curieux et bien observés, que l'hallucination est compatible avec le plein exercice de la raison.

C'est un état maladif du cerveau ; cependant il est presque toujours possible d'en pressentir la cause physique ou morale dans une perturbation de l'âme ou du corps ; mais elle est quelquefois inattendue et mystérieuse au point de surprendre et de troubler un instant les esprits les plus fermes.

Chez les paysans, elle se produit si souvent, qu'elle semble presque une loi régulière de leur organisation. Elle les effraye autrement que nous. Notre grande terreur, à nous autres, quand le cauchemar ou la fièvre nous présentent leurs fantômes, c'est de perdre la raison, et plus nous sommes certains d'être la proie d'un songe, plus nous nous affectons de ne pouvoir nous y soustraire par un simple effort de la volonté. On a vu des gens devenir fous par la crainte de l'être. Les paysans n'ont pas cette angoisse ; ils croient avoir vu des objets réels ; ils en ont grand'peur ; mais la conscience de leur lucidité n'étant point ébranlée, l'hallucination est certainement moins dangereuse pour eux que pour nous. L'hallucination n'est, d'ailleurs, pas la seule cause de mon penchant à admettre, jusqu'à un certain point, les visions de la nuit. Je crois qu'il y a une foule de petits phénomènes nocturnes, explosions ou incandescences de gaz, condensations de vapeurs, bruits souterrains, spectres célestes, petits aérolithes, habitudes bizarres et inobservées, aberrations même chez les animaux, que sais-je? des affinités mystérieuses ou des perturbations brusques des habitudes de la nature, que les savants observent par hasard et que les paysans, dans leur contact perpétuel avec les éléments, signalent à chaque instant sans pouvoir les expliquer.

Par exemple, que pensez-vous de cette croyance aux *meneurs de loups?* Elle est de tous les pays, je crois, et elle est répandue dans toute la France. C'est le dernier vestige de la croyance aux lycanthropes. En Berry, où déjà les contes que l'on fait à nos petits-enfants ne sont plus aussi merveilleux ni aussi terribles que ceux que nous faisaient nos grand'mères, je ne me souviens pas qu'on m'ait jamais parlé des hommes-loups de l'antiquité et du moyen âge. Cependant on s'y sert encore du mot de *garou,* qui signifie bien homme-loup, mais on en a perdu le vrai sens. Les *meneurs de loups* ne sont plus les capitaines de ces bandes de sorciers qui se changeaient en loups pour dévorer les enfants: ce sont des hommes savants et mystérieux, de vieux bûcherons, ou de malins gardes-chasse qui possèdent le *secret* pour charmer, soumettre, apprivoiser et conduire les loups véritables. Je connais plusieurs personnes qui ont rencontré, aux premières clartés de la lune, à la croix des quatre chemins, le père *un tel* s'en allant tout seul à grands pas, et suivi de *plus de trente loups* (il y en a toujours plus de trente, jamais moins, dans la légende). Une nuit, deux personnes, qui me l'ont raconté, virent passer dans le bois une grande bande de loups; elles en furent effrayées, et montèrent sur un arbre, d'où elles virent ces animaux s'arrêter à la porte d'une cabane d'un bûcheron réputé sorcier. Ils l'entourèrent en poussant des rugissements épouvantables; le bûcheron sortit, leur parla, se promena au milieu d'eux, et ils se dispersèrent sans lui faire aucun mal. Ceci est une histoire de paysan; mais deux personnes riches, et ayant reçu une assez bonne éducation, gens de beaucoup de sens et d'habileté dans les affaires, vivant dans le voisinage d'une forêt, où elles chassaient fort souvent, m'ont juré, *sur l'honneur*, avoir vu, étant ensemble, un vieux garde forestier s'arrêter à un carrefour écarté et faire des gestes bizarres. Ces deux personnes se cachèrent pour l'observer, et virent accourir treize loups, dont un énorme alla droit au garde et lui fit des caresses. Celui-ci siffla les autres comme on siffle des chiens, et s'enfonça avec eux dans l'épaisseur du bois. Les deux témoins de cette scène étrange n'osèrent l'y suivre, et se retirèrent aussi surpris qu'effrayés. Avaient-ils été la proie d'une hallucination ? Quand l'hallucination s'empare de plusieurs personnes à la fois (et cela arrive fort souvent), elle revêt un caractère difficile à expliquer, je l'avoue : on l'a souvent constatée; on l'appelle hallucination contagieuse. Mais à quoi sert d'en savoir le nom, si on en ignore la cause ? Cette certaine disposition des nerfs et de la circulation du sang, qu'on donne pour cause à l'audition ou à la vision d'objets fantastiques, comment est-elle simultanée chez plusieurs individus réunis ? Je n'en sais rien du tout.

Mais pourquoi ne pas admettre qu'un homme qui vit au sein des forêts, qui peut, à toutes les heures du jour et de la nuit, surprendre et observer les mœurs des animaux sauvages, aurait pu découvrir, par hasard, ou par un certain génie d'induction, le moyen de les soumettre et de s'en faire aimer ? J'irai plus loin : pourquoi n'aurait-il pas un certain fluide, sympathique à certaines espèces ? Nous avons vu, de nos jours, de si intrépides et de si habiles dompteurs d'animaux féroces en cage, qu'un effort de plus, et on peut admettre la domination de certains hommes sur les animaux sauvages en liberté.

Mais pourquoi ces hommes cacheraient-ils leur secret, et ne tireraient-ils pas profit et vanité de leur puissance ?

Parce que le paysan, en obtenant d'une cause naturelle un effet tout aussi naturel, ne croit pas lui-même qu'il obéit aux lois de la nature. Donnez-lui un remède dont vous lui démontrerez simplement l'efficacité, il n'y aura aucune confiance ; mais joignez-y quelque parole incompréhensible en le lui administrant, il en aura la foi. Confiez-lui le *secret* de guérir le rhume avec la racine de guimauve, et dites-lui qu'il faut l'administrer après trois signes cabalistiques, ou après avoir mis un de ses bas à l'envers, il se croira sorcier, tous le croiront sorcier à l'endroit du rhume. Il guérira tout le monde par la foi autant que par la guimauve, mais il se gardera bien de dire le nom de la plante vulgaire qui produit ce miracle. Il en fera un mystère ; le mystère est son élément.

Je ne parlerai pas ici de ce qu'on appelle chez nous et ailleurs le *secret*, ce serait une digression qui me mènerait trop loin. Je me bornerai à dire qu'il y a un *secret* pour tout, et presque tous les paysans un peu graves et expérimentés ont le *secret* de quelque chose, sont sorciers par conséquent, et croient l'être. Il y a le secret des bœufs, que possèdent tous les bons métayers; le secret des vaches, qui est celui des bonnes métayères; le secret des bergères, pour faire foisonner la laine; le secret des potiers, pour empêcher les pots de se fendre au fond; le secret des curés, qui charment les cloches pour la grêle; le secret du mal de tête, le secret du mal de ventre, le secret de l'entorse et de la foulure; le secret des braconniers, pour faire venir le gibier; le secret du feu, pour arrêter l'incendie; le secret de l'eau, pour retrouver les cadavres des noyés, ou arrêter l'inondation; que sais-je? Il y a autant de secrets que de fléaux dans la nature, et de maladies chez les hommes et les animaux. Le secret passe de père en fils, ou s'achète à prix d'argent. Il n'est jamais trahi. Il ne le sera jamais, tant qu'on y croira.

Le secret de meneur de loups en est un comme un autre, peut-être.

Une des scènes de la nuit dont la croyance est la plus répandue, c'est la chasse fantastique; elle a autant de noms qu'il y a de cantons dans l'univers. Chez nous, elle s'appelle la *chasse à baudet*, et affecte les bruits aigres et grotesques d'une incommensurable troupe d'ânes qui braient. On peut se la représenter à volonté; mais, dans l'esprit de nos paysans, c'est quelque chose que l'on entend et qu'on ne voit pas, c'est une hallucination ou un phénomène d'acoustique. J'ai cru l'entendre plusieurs fois, et pouvoir l'expliquer de la façon la plus vulgaire. Dans les derniers jours de l'automne, quand les grands ouragans dispersent les bandes d'oiseaux voyageurs, on entend, dans la nuit, l'immense clameur mélancolique des grues et des oies sauvages en détresse. Mais les paysans, que l'on croit si crédules et si peu observateurs, ne s'y trompent nullement. Ils savent très-bien le nom et connaissent très-bien le cri des divers oiseaux étrangers à nos climats qui se trouvent perdus et dispersés dans les ténèbres.

La *chasse à baudet* n'est rien de tout cela. Ils l'entendent souvent ; moi qui ai longtemps vécu et erré comme eux dans la rafale et dans le nuage, je ne l'ai jamais rencontrée. Quelquefois son passage est signalé par l'apparition de deux lunes. Mais je n'ai pas de chance, car je n'ai jamais vu que la vieille lune que nous connaissons tous.

Le taureau blanc, le veau d'or, le dragon, l'oie, la poule noire, la truie blanche, et je ne sais combien d'autres animaux fantastiques, gardent, comme l'on sait, en tous pays les trésors cachés. A l'heure de minuit, le jour de Noël, aussitôt que sonne la messe, ces gardiens infernaux perdent leur puissance jusqu'au dernier son de la cloche qui en annonce la fin. C'est la seule heure dans toute l'année où la conquête du trésor soit possible. Mais il faut savoir où il est, et avoir le temps d'y creuser et de s'en saisir. Si vous êtes surpris dans le gouffre à l'*Ite missa est*, il se referme à jamais sur vous ; de même que si, en ce moment, vous avez réussi à rencontrer l'animal fastastique, la soumission qu'il vous a montrée pendant le temps de la messe fait place à la fureur, et c'est fait de vous.

Cette tradition est universelle. Il y a peu de ruines, châteaux ou monastères, peu de monuments celtiques qui ne recèlent leur trésor. Tous sont gardés par un animal diabolique. M. Jules Canougo, dans un charmant recueil de contes méridionaux, a rendu gracieuse et bienfaisante la poétique apparition de la chèvre d'or, gardienne des richesses cachées au sein de la terre.

Dans nos climats moins riants, autour des dolmens qui couronnent les collines pelées de la Marche, c'est un bœuf blanc, ou un veau d'or, ou une génisse d'argent qui font rêver les imaginations avides ; mais ces animaux sont méchants et terribles à rencontrer. On y court tant de risques, que personne encore n'a osé les saisir par les cornes. Et cependant il y a des siècles que les grosses pierres druidiques dansent et grincent sur leurs frêles supports pendant la messe de minuit, pour éveiller la convoitise des passants.

Dans nos vallées ombragées, coupées de grandes plaines fertiles, un animal indéfinissable se promène la nuit à certaines époques indéterminées, va tourmenter les bœufs aux pâturages et rôder autour des métairies qu'il met en grand émoi. Les chiens hurlent et fuient à son approche, les balles ne l'atteignent pas. Cette apparition et la terreur qu'elle inspire n'ont encore presque rien perdu dans nos alentours. Tous nos fermiers, tous nos domestiques y croient et ont vu la bête. On l'appelle la *grand'-bête*, par tradition, quoique bien souvent elle paraisse de la taille et de la forme d'un blaireau. Les uns l'ont vue en forme de chien de la grandeur d'un bœuf énorme, d'autres en levrette blanche haute comme un cheval, d'autres encore en simple lièvre ou en simple brebis. Ceux qui en parlent avec le plus de sang-froid l'ont poursuivie sans succès, sans trop de frayeur, ne lui attribuant aucun pouvoir fantastique, la décrivant avec peine, parce qu'elle appartient à une espèce inconnue dans le pays, disent-ils, et assurant que ce n'est précisément ni une chienne, ni une vache, ni un blaireau, ni un cheval, mais quelque chose comme tout cela : arrangez-vous! Cependant cette bête apparaît, j'en suis certain, soit à l'état d'hallucination, soit à l'état de vapeur flottante, et condensée sous de certaines formes. Des gens trop sincères et trop raisonnables l'ont vue pour que j'ose dire qu'il n'y a aucune cause à leur vision. Les chiens l'annoncent par des hurlements désespérés et s'enfuient dès qu'elle paraît; cela est certain. Les chiens sont-ils hallucinés aussi? Pourquoi non? Sont-ce des voleurs qui s'introduisent sous ce déguisement? Jamais la bête n'a rien dérobé, que l'on sache. Sont-ce de mauvais plaisants? On a tiré tant de coups de fusil sur la bête, qu'on aurait bien, par hasard, et en dépit de la peur qui fait trembler la main, réussi à tuer ou à blesser quelqu'un de ces prétendus fantômes. Enfin, ce genre d'apparition, s'il n'est que le résultat de l'hallucination, est éminemment contagieux. Pendant quinze ou vingt nuits, les vingt ou trente habitants d'une métairie le voient et le poursuivent; il passe à une autre petite colonie qui le voit absolument de même, et il fait le tour du pays, ayant produit cette contagion sur un très-grand nombre d'habitants.

Mais voici la plus effrayante des visions de la nuit.

Autour des mares stagnantes, dans les bruyères comme au bord des fontaines ombragées dans les chemins creux, sous les vieux saules comme dans la plaine nue, on entend au milieu de la nuit le battoir précipité et le clapotement furieux des lavandières. Dans beaucoup de provinces, on croit qu'elles évoquent là pluie et attirent l'orage, en faisant voler jusqu'aux nues, avec leur battoir agile, l'eau des sources et des marécages. Chez nous, c'est bien pire, elles battent et tordent quelque objet qui ressemble à du linge, mais qui, vu de près, n'est autre chose que des cadavres d'enfants. Il faut se garder de les observer et de les déranger, car, eussiez-vous six pieds de haut et des muscles en proportion, elles vous saisiraient, vous battraient et vous tordraient dans l'eau ni plus ni moins qu'une paire de bas.

Nous avons entendu souvent le battoir des lavandières fantastiques résonner dans le silence de la nuit autour des mares désertes. C'est à s'y tromper. C'est une espèce de grenouille qui produit ce bruit formidable. Mais c'est bien triste de faire cette puérile découverte, et de ne plus espérer l'apparition des terribles sorcières tordant leurs haillons immondes à la brume des nuits de novembre, aux premières clartés d'un croissant blafard reflété par les eaux. Un mien ami, homme de plus d'esprit que de sens, je dois l'avouer, sujet à l'ivresse, très-brave cependant devant les choses réelles, mais facile à impressionner par les légendes du pays, fit deux rencontres de lavandières qu'il ne racontait qu'avec une grande émotion.

Un soir, vers onze heures, dans une traîne charmante qui court en serpentant et en bondissant, pour ainsi dire, sur le flanc ondulé du ravin d'Ormous, il vit, au bord d'une source, une vieille qui battait et tordait en silence. Quoique la fontaine soit mal famée, il ne vit rien là de surnaturel, et dit à cette vieille :

— Vous lavez bien tard, la mère !

Elle ne répondit point. Il la crut sourde et s'approcha. La lune était brillante et la source éclairait comme un miroir. Il vit distinctement les traits de la vieille : elle lui était complétement inconnue, et il en fut étonné, parce qu'avec sa vie de cultivateur, de chasseur et de flâneur dans la campagne, il n'y avait pas pour lui de visage inconnu à plusieurs lieues à la ronde. Voici comme il me raconta lui-même ses impressions en face de cette laveuse singulièrement vigilante :

— Je ne pensai à la tradition des lavandières de nuit que lorsque je l'eus perdue de vue. Je n'y pensais pas avant de la rencontrer, je n'y croyais pas, et je n'éprouvais aucune méfiance en l'abordant. Mais, dès que je fus auprès d'elle, son silence, son indifférence à l'approche d'un passant, lui donnèrent l'aspect d'un être absolument étranger à notre espèce. Si la vieillesse la privait de l'ouïe et de la vue, comment était-elle assez robuste pour être venue de loin, toute seule, laver, à cette heure insolite, à cette source glacée où elle travaillait avec tant de force et d'activité ? Cela était au moins digne de remarque. Mais ce qui m'étonna encore plus, c'est ce que j'éprouvai en moi-même : je n'eus aucun sentiment de peur, mais une répugnance, un dégoût invincible. Je passai mon chemin sans qu'elle tournât la tête. Ce ne fut qu'en arrivant chez moi que je pensai aux sorcières des lavoirs, et alors, j'eus très-peur, j'en conviens franchement, et rien au monde ne m'eût décidé à revenir sur mes pas.

Une seconde fois, le même ami passait auprès des étangs de Thevet, vers deux heures du matin. Il venait de Linières, où il assure qu'il n'avait ni mangé ni bu, circonstance que je ne saurais garantir ; il était seul, en cabriolet, suivi de son chien. Son cheval étant fatigué, il mit pied à terre à une montée et se trouva au bord de la route près d'un fossé où trois femmes lavaient, battaient et tordaient avec une grande activité, sans rien dire. Son chien se serra tout à coup contre lui sans aboyer. Il passa sans trop regarder ; mais à peine eut-il fait quelques pas, qu'il entendit marcher derrière lui et que la lune dessina à ses pieds une ombre très-allongée. Il se retourna et vit une de ces femmes qui le suivait. Les deux autres venaient à quelque distance comme pour appuyer la première.

— Cette fois, dit-il, je pensai bien aux lavandières ; mais j'eus une autre émotion que la première fois. Ces femmes étaient d'une taille si élevée et celle qui me suivait avait tellement les proportions, la figure et la démarche d'un homme, que je ne doutai pas un instant d'avoir affaire à des plaisants de village, malintentionnés peut-être. J'avais une bonne trique à la main. Je me retournai en disant :

» — Que me voulez-vous ?

» Je ne reçus point de réponse ; et, ne me voyant pas attaqué, n'ayant pas de prétexte pour attaquer moi-même, je fus forcé de regagner mon cabriolet, qui était assez loin devant moi, avec cet être désagréable sur mes talons. Il ne me disait rien et semblait se faire un malin plaisir de me tenir sous le coup d'une attaque. Je tenais toujours mon bâton prêt à lui casser la mâchoire au moindre attouchement ; et j'arrivai ainsi à mon cabriolet avec mon poltron de chien, qui ne disait mot et qui y sauta avec moi. Je me retournai alors, et, quoique j'eusse entendu jusque-là des pas sur les miens et vu une ombre marcher à côté de moi, je ne vis personne. Seulement, je distinguai, à trente pas environ en arrière, à la place où je les avais vues laver, ces trois grandes diablesses sautant, dansant et se tordant comme des folles 'sur le revers du fossé.

Je vous donne cette histoire pour ce qu'elle vaut; mais elle m'a été racontée de très-bonne foi, et vous le garantis. Mettez cela en partie au chapitre des hallucinations.

L'orme Râteau est un arbre magnifique, qui existait, dit-on, déjà grand et fort, au temps de Charles VII. Comme un orme qu'il est, il n'a pas de loin une grande apparence, et son branchage affecte assez la forme du râteau, dont il porte le nom. Mais ce n'est là qu'une coïncidence fortuite avec la légende traditionnelle qui l'a baptisé. De près, il devient imposant par sa longue tige élancée, sillonnée de la foudre et plantée comme un monument à un vaste carrefour des chemins communaux. Ces chemins, larges comme des prairies, incessamment tondus par les troupeaux du prolétaire, sont couverts d'une herbe courte, où la ronce et le chardon croissent en liberté. La plaine est ouverte à une grande distance, fraîche quoique nue, mais triste et solennelle malgré sa fertilité. Une croix de bois est plantée sur un piédestal de pierre qui est le dernier vestige de quatre statues fort anciennes disparues depuis la révolution de 93. Cette décoration monumentale dans un lieu si peu fréquenté atteste un respect traditionnel ; et les paysans des environs ont une telle opinion de l'orme Râteau, qu'ils prétendent qu'on ne peut l'abattre, parce qu'il est sur la carte de Cassini. Mais ce chemin communal, abandonné aujourd'hui aux piétons, et que traverse à de rares intervalles le cheval d'un meunier ou d'un gendarme, était jadis une des grandes voies de communication de la France centrale. On l'appelle encore aujourd'hui le chemin des Anglais. C'était la route militaire, le passage des armées que franchit l'invasion, et que Duguesclin leur fit repasser l'épée dans le dos, après avoir délivré Sainte-Sévère, la dernière forteresse de leur occupation.

Ce détail n'est consigné dans aucune histoire, mais la tradition est là qui en fait foi ; et maintenant, voici la légende de l'orme Râteau, qui est jolie, malgré la nature des animaux qui y jouent leur rôle.

Un jeune garçon gardait un troupeau de porcs

autour de l'orme Râteau. Il regardait du côté de la Châtre, lorsqu'il vit accourir une grande bande armée qui dévastait les champs, brûlait les chaumières, massacrait les paysans et enlevait les femmes. C'étaient les Anglais, qui descendaient de la Marche sur le Berry et qui s'en allaient ravager Saint-Chartier. Le porcher éloigna son troupeau, se tint à distance et vit passer l'ennemi comme un ouragan. Quand il revint sous l'orme avec son troupeau, la peur qu'il avait ressentie fit place à une grande colère contre les Anglais et contre lui-même.

— Quoi ! pensa-t-il, nous nous laissons abîmer ainsi sans nous défendre?... Nous sommes trop lâches ! Il y faut aller !

Et, s'approchant de la statue de saint Antoine, qui était une des quatre autour de l'orme :

— Bon saint Antoine, lui dit-il, il faut que j'aille contre ces Anglais, et je n'ai pas le temps de rentrer mes bêtes. Pendant ce temps-là, ces méchants-là nous feraient trop de mal. Prends mon bâton, bon saint, et veille sur mes porcs pendant trois jours et trois nuits ; je te les donne en garde.

Là-dessus, le jeune gars mit sa binette de porcher (qui est un court bâton avec un triangle de fer au bout) dans les mains de la statue, et, jetant là ses sabots, *s'en courut* à Saint-Chartier, où, pendant trois jours et trois nuits, il fit rage contre les Anglais avec les bons garçons de l'endroit, soutenus des bons hommes d'armes de France. Puis, quand l'ennemi fut chassé, il s'en revint à son troupeau ; il compta ses porcs, et pas un ne manquait ; et cependant il avait passé là bien des traînards, bien des pillards et bien des loups attirés par l'odeur du carnage. Le jeune porcher reprit à saint Antoine son sceptre rustique, le remercia à genoux, et, sans rêver les hautes destinées et la grande mission de Jeanne Darc, content d'avoir au moins donné son coup de main à l'œuvre de délivrance, il garda ses cochons comme devant.

Une autre tradition plus confuse attribue à l'orme Râteau une moins bénigne influence. Des enfants, saisis de vertige, auraient eu l'horrible idée de jouer leur vie aux petits palets et auraient enterré vivant le perdant sous la pierre de saint Antoine.

Mais voici la légende principale et toujours en crédit de l'orme Râteau. Un *monsieur* s'y promène la nuit; il en fait incessamment le tour. On le voit là depuis que le monde est monde. Quel est-il? Nul ne le sait. Il est vêtu de noir, et il a vingt pieds de haut. C'est un *monsieur*, car *il suit les modes*; on l'a vu au siècle dernier en habit noir complet, culotte courte, souliers à boucles, l'épée au côté; sous le Directoire, on l'a vu en oreilles de chien et en large cravate. Aujourd'hui, il s'habille comme vous et moi; mais il porte toujours son grand râteau sur l'épaule, et gare aux jambes des gens ou des bêtes qui passent dans son ombre. Du reste, pas méchant homme, et ne se faisant connaître qu'à ceux qui ont *le secret*.

Si vous n'y croyez, allez-y voir. Nous y avons été à l'heure solennelle du lever de la lune; nous l'avons appelé par tous les noms possibles, en lui disant toujours *monsieur*, très-poliment; mais nous n'avons pas trouvé le nom auquel il lui plaît de répondre, car il n'est pas venu; et, d'ailleurs, il n'aime pas la plaisanterie, et, pour le voir, il faut avoir peur de lui.

Si vous aimez ces contes populaires et si vous voulez chercher plus sérieusement leur origine, lisez un livre à la fois très-savant et très-amusant, qui est l'ouvrage d'une femme, *la Normandie romanesque et merveilleuse*, par mademoiselle Amélie Bosquet; vous y retrouverez toutes les légendes de la France et celles de votre endroit par conséquent. Vous y apprendrez toute l'histoire des superstitions humaines, variant seulement par quelques détails, selon les localités : ceci est la preuve que l'humanité est encore bien près de son berceau, ou qu'elle est bien tenace et bien uniforme dans son aptitude à passer par le même chemin et à se nourrir des mêmes idées.

Nous avons montré les souvenirs de l'antiquité modifiés dans les idées ou dans les rêves de la race berrichonne par l'influence du christianisme primitif et du moyen âge. Il y a là un monde de fantaisies perdu pour les classes éclairées, et qui tend aussi à s'effacer de la croyance et de la mémoire des classes rustiques. Il n'est donc pas sans intérêt de recueillir les fragments, épars dans toutes les provinces de France, de cette poésie terrible, riante ou burlesque, qui, dans un demi-siècle peut-être, n'aura plus ni bardes, ni rapsodes, ni adeptes.

L'Allemagne passe pour être la terre classique du fantastique. Cela tient à ce que des écrivains anciens et modernes ont fixé la légende dans le poëme, le conte et la ballade. Notre littérature française, depuis le siècle de Louis XIV surtout, a rejeté cet élément comme indigne de la [raison humaine et de la dignité philosophique. Le romantisme a fait de vains efforts pour dérider notre scepticisme ; nous n'avons su qu'imiter la fantaisie allemande. Le merveilleux slave, bien autrement grandiose et terrifiant, nous a été révélé par des traductions incomplètes qui ne sont pas devenues populaires. On n'a pas osé imiter chez nous des sabbats lugubres et sanglants comme ceux d'Adam Mickiewicz.

La France populaire des campagnes est tout aussi fantastique cependant que les nations slaves ou germaniques ; mais il lui a manqué, il lui manquera probablement un grand poëte pour donner une forme précise et durable aux élans, déjà affaiblis, de son imagination.

Une seule province de France est à la hauteur, dans sa poésie, de ce que le génie des plus grands poëtes et celui des nations les plus poétiques ont jamais produit : nous oserons dire qu'elle les surpasse. Nous voulons parler de la Bretagne. Mais la Bretagne, il n'y a pas longtemps que c'est la France. Quiconque a lu *les Barza-Breiz*, recueillis et traduits par M. de la Villemarqué, doit être persuadé avec moi, c'est-à-dire pénétré intimement de ce que j'avance. *Le Tribut de Nomenoé* est un poëme de cent quarante vers, plus grand que l'*Iliade*, plus complet, plus beau, plus parfait qu'aucun chef-d'œuvre sorti de l'esprit humain. *La Peste d'Éliant, les Nains, Desbreiz* et vingt autres diamants de ce recueil breton attestent la richesse la plus complète à laquelle puisse prétendre une littérature lyrique. Il est même fort étrange que cette littérature, révélée à la nôtre par une publication qui est dans toutes les mains depuis plusieurs années, n'y ait pas fait une révolution. Macpherson a rempli l'Europe du nom d'Ossian; avant Walter Scott, il avait mis l'Écosse à la mode. Vraiment, nous n'avons pas assez fêté notre Bretagne, et il y a encore des lettrés qui n'ont pas lu les chants sublimes devant lesquels, convenons-en, nous sommes comme des nains devant des géants. Singulières vicissitudes que subissent le beau et le vrai dans l'histoire de l'art !

Qu'est-ce donc que cette race armoricaine qui s'est nourrie, depuis le druidisme jusqu'à la chouannerie, d'une telle moelle ? Nous la savions bien forte et fière, mais pas grande à ce point avant qu'elle eût chanté à nos oreilles. Génie épique, dramatique, amoureux, guerrier, tendre, triste, sombre, moqueur, naïf, tout est là ! Et au-dessus de ce monde de l'action et de la pensée plane le rêve : les sylphes, les gnomes, les djinns de l'Orient, tous les fantômes, tous les génies de la mythologie païenne et chrétienne voltigent sur ces têtes exaltées et puissantes. En vérité, aucun de ceux qui tiennent une plume ne devrait rencontrer un Breton sans lui ôter son chapeau.

Nous voici bien loin de notre humble Berry, où j'ai pourtant retrouvé, dans la mémoire des chanteurs rustiques, plusieurs romances et ballades exactement traduites, en vers naïfs et bien berrichons, des textes bretons publiés par M. de la Villemarqué. Revendiquerons-nous la propriété de ces créations, et dirons-nous qu'elles ont été traduites du berrichon dans la langue bretonne? Non. — Elles portent clairement leur brevet d'origine en tête. Le texte dit : *En revenant de Nantes*, etc.

Et ailleurs : *Ma famille de Nantes*, etc.

Le Berry a sa musique, mais il n'a pas sa littérature, ou bien elle s'est perdue comme aurait pu se perdre la poésie bretonne si M. de la Villemarqué ne l'eût recueillie à temps. Ces richesses inédites s'altèrent insensiblement dans la mémoire des bardes illettrés qui les propagent. Je sais plusieurs complaintes et ballades berrichonnes qui n'ont plus ni rime ni raison, et où, çà et là, brille un couplet d'une facture charmante, qui appartient évidemment à un texte original affreusement corrompu quant au reste.

Pour être privée de ses archives poétiques, l'imagination de nos paysans n'est pas moins riche que celle des Allemands, et ce sens particulier de l'hallucination dont j'ai parlé l'atteste suffisamment.

Une des plus singulières apparitions est celle des *meneurs de nuées*, autour des mares ou au beau milieu des étangs. Ces esprits nuisibles se montrent aux époques des débordements de rivières, et provoquent le fléau des pluies torrentielles intempestives. Autant qu'on peut saisir leurs formes vagues dans la trombe qu'ils soulèvent, on reconnaît parmi eux, assez souvent, des gens mal famés dans le pays, des gens qui ne possèdent rien, bien entendu, sur la terre du bon Dieu, et qui ne souhaitent que le mal des autres. Réunis aux génies des nuages, armés de pelles ou de balais, vêtus de haillons fangeux et incolores, ils s'agitent frénétiquement, *ils dansent et enragent*, comme disent les ballades bretonnes; et le voyageur attardé qui les aperçoit sur les flaques brumeuses semées dans les landes désertes, doit se hâter de gagner son gîte, sans les déranger et sans leur montrer qu'il les a vus. Certainement ils se mettraient, en bourrasque, à ses trousses, et il n'y ferait pas bon.

On est étonné de voir combien les scènes de la nature impressionnent le paysan. Il semblerait qu'elles doivent agir davantage sur l'imagination des habitants des villes, et que l'homme, accoutumé dès son enfance à errer ou à travailler le jour et la nuit dans une même localité, en connaît si bien les détails et les différents aspects, qu'il ne puisse plus y ressentir ni étonnement ni trouble. C'est tout le contraire : le braconnier qui, depuis quarante ans, chasse au collet ou à l'affût, à la nuit tombante, voit les animaux même dont il est le fléau, prendre, dans le crépuscule, des formes effrayantes pour le menacer. Le pêcheur de nuit, le meunier qui vit sur la rivière même, peuplent de fantômes les brouillards argentés par la lune ; l'éleveur de bestiaux qui s'en va lier les bœufs ou conduire les chevaux au pâturage, après la chute du jour ou avant son lever, rencontre dans sa haie, dans son pré, sur ses bêtes même, des êtres inconnus, qui s'évanouissent à son approche, mais qui le menacent en fuyant. Heureuses, selon nous, ces organisations primitives, à qui sont révélés les secrets du monde surnaturel, et qui ont le don de voir et d'entendre de si étranges choses ! Nous avons beau faire, nous autres, écouter des histoires à faire dresser les cheveux sur la tête, nous battre les flancs pour y croire, courir la nuit dans les lieux hantés par les esprits, attendre et chercher la peur inspiratrice, mère des fantômes, le diable nous fuit comme si nous étions des saints : Lucifer défend à ses milices de se montrer aux incrédules.

Les animaux sorciers ne sont pas rares : c'est pourquoi il faut faire attention à ce qu'on dit devant certains d'entre eux. Un métayer de nos environs voyait tous les jours un vieux lièvre s'arrêter à peu de distance de lui, se lécher les pattes, et le regarder d'un air narquois ; or, ce métayer finit, en y faisant bien attention, par reconnaître son propriétaire sous le déguisement dudit lièvre. Il lui ôta son chapeau, pour lui faire entendre qu'il n'était point sa dupe et que la plaisanterie était inutile. Mais le bourgeois, qui était malin, parut ne pas comprendre, et continua à le surveiller sous cette apparence.

Cela fâcha le métayer, qui était honnête homme, et que le soupçon blessait d'autant plus, que son maître, lorsqu'il venait chez lui sous figure de chrétien, ne lui marquait aucune méfiance. Il prit son fusil un beau soir, comptant bien lui faire peur, et le corriger de cette manie de faire le lièvre. Il essaya même de le coucher en joue; mais la preuve que cet animal n'était pas plus lièvre que vous et moi, c'est que le fusil ne l'inquiéta nullement, et qu'il se mit à rire.

— Ah çà! écoutez, not' maître! s'écria le brave homme perdant patience; ôtez-vous de là, ou, aussi vrai que j'ai reçu le baptême, je vous flanque mon coup de fusil.

M. *Trois-Étoiles* ne se le fit pas dire deux fois: il vit que le paysan était *émalicé* tout de bon, et, prenant la fuite, il ne reparut plus.

On a vu souvent des animaux de ce genre, frappés et blessés, disparaître également; mais, le lendemain, la personne soupçonnée ne se montrait pas, et, si on allait chez elle, on la trouvait au lit, fort endommagée. On aurait pu retirer de son corps le plomb qui était entré dans celui de la bête, car, aussi vrai que ces choses se sont vues, c'était le même plomb.

Un animal plus incommode encore que ceux qui espionnent l'ouvrier des champs, c'est celui *qui se fait porter*. Celui-là est un ennemi déclaré, qui n'écoute rien, et qui se montre sous diverses formes, quelquefois même sous celle d'un homme tout pareil à celui auquel il s'adresse. En se voyant ainsi face à face avec son sosie, on est fort troublé, et, quelque résistance qu'on fasse, il vous saute sur les épaules. D'autres fois, on sent son poids qui est formidable, sans rien voir et sans rien entendre. La plus mauvaise de ces apparitions est celle de la levrette blanche. Quand on l'aperçoit, d'abord elle est toute petite; mais elle grandit peu à peu, elle vous suit, elle arrive à la taille d'un cheval et vous monte sur le dos. Il est avéré qu'elle pèse deux ou trois mille livres; mais il n'y a point à s'en défendre, et elle ne vous quitte que quand vous apercevez la porte de votre maison. C'est quand on s'est attardé au cabaret qu'on rencontre cette bête maudite. Bien heureux quand elle n'est pas accompagnée de deux ou trois feux follets qui vous entraînent dans quelque marécage ou rivière pour vous y faire noyer.

La cocadrille, bien connue au moyen âge, existe encore dans les ruines des vieux manoirs. Elle erre sur les ruines la nuit, et se tient cachée le jour dans la vase et les roseaux. Si on l'aperçoit alors, on ne s'en méfie point, car elle a la mine d'un petit lézard; mais ceux qui la connaissent ne s'y trompent guère et annoncent de grandes maladies dans l'endroit, si on ne réussit à la tuer avant qu'elle ait vomi son venin. Cela est plus facile à dire qu'à faire. Elle est à l'épreuve de la balle et du boulet, et, prenant des proportions effrayantes d'une nuit à l'autre, elle répand la peste dans tous les endroits où elle passe. Le mieux est de la faire mourir de faim, ou de la dégoûter du lieu qu'elle habite en desséchant les fossés et les marais à eaux croupissantes. La maladie s'en va avec elle.

Le *follet, fadet* ou *farfadet*, n'est point un animal, bien qu'il lui plaise d'avoir des ergots et une tête de coq; mais il a le corps d'un petit homme, et, en somme, il n'est ni vilain ni méchant, moyennant qu'on ne le contrariera pas. C'est un pur esprit, un bon génie connu en tout pays, un peu fantasque, mais fort actif et soigneux des intérêts de la maison. En Berry, il n'habite pas le foyer, il ne fait pas l'ouvrage des servantes, il ne devient pas amoureux des femmes. Il hante quelquefois les écuries comme ses confrères d'une grande partie de la France ; mais c'est la nuit, au pâturage, qu'il prend particulièrement ses ébats. Il y rassemble les chevaux par troupes, se cramponne à leur crinière, et les fait galoper comme des fous à travers les prés. Il ne paraît pas se soucier énormément des gens à qui ces chevaux appartiennent. Il aime l'équitation pour elle-même; c'est sa passion, et il prend en amitié les animaux les plus ardents et les plus fougueux. Il les fatigue beaucoup, car on les trouve en sueur quand il s'en est servi; mais il les frotte et les panse avec tant de soin, qu'ils ne s'en portent que mieux. Chez nous, on connaît parfaitement les chevaux *pansés du follet*. Leur crinière est nouée par lui de milliards de nœuds inextricables.

C'est une maladie du crin, une sorte de plique

chevaline, assez fréquente dans nos pâturages. Ce crin est impossible à démêler, cela est certain ; mais il est certain aussi qu'on peut le couper sans que l'animal en souffre, et que c'est le seul parti à prendre.

Les paysans s'en gardent bien. Ce sont les étriers du follet ; et, s'il ne les trouvait plus pour y passer ses petites jambes, il pourrait tomber ; et, comme il est fort colère, il tuerait immédiatement la pauvre bête tondue.

Le ministère de l'instruction publique va faire publier le recueil des chants populaires de la France. C'est une très-bonne idée, dont la réalisation devenait nécessaire ; mais cela arrive bien tard, nous le craignons. Pour que la recherche fût tant soit peu complète, il faudrait envoyer dans chaque province une personne compétente, exclusivement chargée de ce soin. Les lettrés ou amateurs que l'on va consulter apporteront les récoltes du hasard. Qui donc aura eu le temps et la patience de reconstruire, parmi cent versions altérées d'une chose intéressante, le type primitif ? S'il s'agit de recueillir le plus de poésies inédites qu'il sera possible, et, selon nous, toute l'importance, toute l'utilité de cette publication est là, le travail demanderait plusieurs années ou un grand nombre d'explorateurs. Les commentateurs ne manqueront pas ; mais les véritables découvertes seront fort rares ou fort incomplètes, si l'on ne procède consciencieusement et par des recherches toutes spéciales.

Notre avis est que la publication du texte musical serait indispensable. Dans la chanson populaire, les paroles se passent si peu de l'air, que, si vous les lisez, elles ne vous disent rien, tandis qu'elles vous surprennent, vous charment ou vous exaltent si vous les entendez chanter. C'est là, d'ailleurs, qu'il y aurait, *à coup sûr*, des merveilles à découvrir et à sauver du néant qui va les atteindre. La musique a toujours été plus négligée que la littérature par es gouvernements. Elle n'a pas d'archives ; combien de chefs-d'œuvre de maîtres inconnus ont péri et périront chaque jour ! sans parler de chefs-d'œuvre d'illustres maîtres qui n'ont jamais paru, et qui disparaîtront entièrement, faute d'une initiative ministérielle ! La spéculation ne fera jamais ce travail de recherche consciencieuse, et jamais ne s'exposera au risque le plus insignifiant pour déterrer les trésors oubliés.

Quoi qu'on en dise, il y a pour les arts, comme pour tous les progrès, des travaux que l'État seul peut entreprendre et diriger, tant que les artistes et les industriels n'auront pas de véritables corporations.

Mais nous voici bien loin de notre sujet ; rentrons-y en disant que les paysans sont de grands enfants et de vrais fous, peut-être ; mais qu'il n'y a pas de vraie poésie sans un certain déréglement d'imagination et beaucoup de naïveté.

Le sujet n'est pas épuisé, il est peut-être inépuisable ; car chaque jour amène une révélation, et arrache à ce vieux monde de superstitions, qui dure encore au fond des campagnes, un aveu de ses croyances, de ses terreurs, de sa poésie.

Un de mes compatriotes berrichons, M. Laisnel de la Salle, a publié dans ces derniers temps (dans le *Moniteur de l'Indre*) une série d'excellents articles, qui, réunis en volume, constitueront une histoire spéciale de cette face de la vie rustique et prolétaire : les *Traditions, Préjugés, Dictons et Locutions populaires* de nos localités. Cet ouvrage n'est pas un résumé de fantaisies, c'est une recherche consciencieuse de faits acquis à la croyance ou à l'habitude générale de nos hameaux et petites villes ; ce n'en est pas moins un travail qui amuse et intéresse sans fatiguer l'esprit un seul instant. Nous avons trouvé avec plaisir, dans un des chapitres de ce livre, une mention explicative du *grand Bissêtre*, dont nous avions beaucoup entendu parler sans pouvoir deviner son origine, bien simple cependant. Mais les explications simples arrivent, on le sait, quand on est las de tirer par les cheveux les commentaires extravagants, et je n'en avais fait que de ceux-là.

« Aux environs de la Châtre, dit notre auteur, le peuple croit qu'une sorte de génie malfaisant (qu'il appelle le *grand Bissêtre*) préside aux événements qui ont lieu dans les années bissextiles. On dit que, lorsqu'une femme accouche dans l'année où le *Bissêtre saute*, elle met immanquablement au monde une fille ou deux jumeaux, et reste sept ans sans avoir d'enfants.

« A Dijon, en ces sortes d'années, » dit la Monnoye, « le vulgaire pense que *Bissêtre cor* (court),
» et qu'ainsi on ne doit rien entreprendre d'im-
» portant. »

» Bissêtre est donc un vieux mot dérivé de Bissexte, et était synonyme de *malheur, infortune*.

« Pour ce que Bissextre eschiet,
L'an en sera tout desbauchiet. »

(Molinet. — *Le Calendrier.*)

« Cette année était bissextile, et le Bissexte
» tomba de fait sur les traîtres. » (Orderic Vital, lib. XIII.)

« La mauvaise influence de l'année bissextile était
» proverbiale au moyen âge. Cette superstition re-
» monte aux Romains. — Voyez Macrobe. » (Génin, *Lexique comparé.*)

» Bissêtre signifie aussi, dans notre patois, enfant vif et turbulent, enfant terrible. »

Dans certaines campagnes, le Bissêtre, et c'est ce qui nous avait empêché de songer à l'année bissextile, n'est pas obligé de *courir* à certaines époques. Il court les champs, les étangs, les marécages, d'où il fait sortir les pestilences et mauvaises fièvres.

La *poule noire* est consacrée, dans presque toute la France, aux incantations nocturnes. Chez nous, la manière dont M. Laisnel de la Salle raconte son emploi est à peu près identique dans toute la vallée Noire.

« Ordinairement, dit-il, lorsque les paysans veulent avoir une entrevue avec le diable, ils se rendent à minuit à l'embranchement de quatre chemins, et, là, tenant la poule, ils crient par trois fois :

» — Qui veut acheter ma poule noire ?

» J'ignore ce que les anciens pensaient de la *poule noire* ; mais je sais qu'ils appelaient un homme heureux *gallinæ filius albæ*. »

Après M. Laisnel de la Salle, on n'a plus qu'à glaner ; mais on glane longtemps dans un champ aussi fertile que celui de l'imagination populaire.

Le *casseux* de bois est le fantôme des forêts. On n'a pas l'esprit bien tranquille quand on va faire, de nuit, sa provision de fagots sur la terre du prochain. C'est alors que l'on entend des bruits étranges de chouettes effrayées et de branches cassées par la course des sangliers dans les taillis ; c'est alors que, par un temps calme, on sent venir un rapide et inexplicable ouragan qui rase le sol et brise au pied les jeunes arbres ; c'est alors que, marchant de tige en tige, à fantastiques enjambées, le gnome à la longue chevelure vient vous dire : « Que fais-tu là ? »

Nous avons parlé déjà quelque part du *ramasseur de rosée*, un propriétaire matinal qui promène sur les prairies un chiffon au moyen duquel toute l'humidité d'un pré passe dans le sien. Mais il ne faut pas croire qu'il suffirait d'imiter cette simple opération pour obtenir d'aussi magnifiques résultats. D'abord, on n'est jamais bien certain quand, à travers la brume blanchâtre, on aperçoit l'opérateur, que ce soit un sorcier ou son *domestique*, c'est-à-dire le démon qui le sert, et qui s'habille à sa ressemblance. Dans tous les cas, il faut être bien *savant* pour faire sa fortune de cette manière.

Il n'y a pas longtemps que nous avons découvert chez nous le *lubin* d'origine normande dont nous avait parlé mademoiselle Amélie Bosquet dans son excellent livre ; mais, dans nos champs, au lieu de hanter les cimetières, ce farfadet se montre favorable aux moissons, et sème derrière les bons laboureurs ; pourtant il ne faudrait pas le contrarier, car il pourrait bien semer du *bedouin* et de l'ivraie à la place de froment, *si c'était son idée.*

Le *lupeux* est un être franchement désagréable. Un de nos amis, parcourant les steppes marécageux de la Brenne avec un guide, entendit non loin de lui, dans le crépuscule du soir, une voix humaine assez douce, qui, d'un ton enjoué, ou plutôt goguenard, répétait de place en place : *Ah ! ah !* Il regarda de tous côtés, ne vit rien, et dit à l'indigène qui l'accompagnait :

— Voilà quelqu'un de bien étonné. Est-ce à cause de nous ?

Le guide ne répondit rien. Ils continuent à marcher. La voix les suivait, et, à chaque mouvement que faisait notre ami, s'écriait : *Ah ! ah !* d'une manière si moqueuse et si gaie, qu'il ne put s'empêcher de rire en lui répondant :

— Eh bien, quoi donc ?

— Taisez-vous, pour l'amour du bon Dieu, lui dit son guide en lui serrant le bras ; ne lui parlez pas, n'ayez pas l'air de l'entendre. Si vous lui répondez encore une fois, nous sommes perdus.

Notre ami, qui connaît bien les terreurs du paysan, ne s'obstina pas, et, quand ils furent assez loin de l'invisible persifleur :

— Ah çà ! lui dit-il, c'est un oiseau, une espèce de chouette ?

— Ah bien, oui, dit l'autre, un bel oiseau ! C'est le lupeux ! Ça commence par rire ; ça vous tire de votre chemin, ça vous emmène, et puis ça se fâche et ça vous noie dans les fondrières.

Nous demanderons à M. Laisnel de la Salle de nous parler du lupeux, et de retrouver l'étymologie du nom, qui presque toujours le met avec succès sur la trace originaire de la tradition.

La nuit de Noël est, en tout pays, la plus solennelle crise du monde fantastique. Toujours, par suite de ce besoin qu'éprouvent les hommes primitifs de compléter le miracle religieux par le merveilleux de leur vive imagination, dans tous les pays chrétiens, comme dans toutes les provinces de France, le coup de minuit de la messe de Noël ouvre les prodiges du sabbat, en même temps qu'il annonce la commémoration de l'ère divine. Le ciel pleut des bienfaits à cette heure sacrée ; aussi l'enfer vaincu, voulant disputer encore au Sauveur la conquête de l'humanité, vient-il s'offrir à elle pour lui donner les biens de la terre, sans même exiger en échange le sacrifice du salut éternel : c'est une flatterie, une avance gratuite que Satan fait à l'homme. Le paysan pense qu'il peut en profiter. Il est assez malin pour ne pas se laisser prendre au piége ; il se croit bien aussi rusé que le diable, et il ne se trompe guère.

Dans notre vallée Noire, le *métayer fin*, c'est-à-dire savant dans la cabale et dans l'art de faire prospérer le *bestiau* par tous les moyens naturels et surnaturels, s'enferme dans son étable au premier coup de la messe ; il allume sa lanterne, ferme toutes ses *huisseries* avec le plus grand soin, prépare certains charmes, que le *secret* lui révèle, et reste là, *seul de chrétien*, jusqu'à la fin de la messe.

Dans ma propre maison, à moi qui vous raconte ceci, la chose se passe ainsi tous les ans, non pas sous nos yeux, mais au su de tout le monde, et de l'aveu même des métayers.

Je dis : Non pas sous nos yeux, car le charme est impossible si un regard indiscret vient le troubler. Le métayer, plus défiant qu'il n'est possible d'être curieux, se barricade de manière à ne pas laisser une fente ; et, d'ailleurs, si vous êtes là quand il veut entrer dans l'étable, il n'y entrera point ; il ne fera pas sa conjuration, et gare aux reproches et aux contestations s'il perd des bestiaux dans l'année : c'est vous qui lui aurez causé le dommage.

Quant à sa famille, à ses serviteurs, à ses amis et voisins, il n'y a pas de risque qu'ils le gênent dans ses opérations mystérieuses. Tous convaincus de l'utilité souveraine de la chose, ils n'ont garde d'y apporter obstacle. Ils s'en vont bien vite à la messe, et ceux que leur âge ou la maladie retient à la maison ne se soucient nullement d'être initiés aux terribles émotions de l'opération. Ils se barricadent de leur côté, frissonnant dans leur lit si quelque bruit étrange fait hurler les chiens et mugir les troupeaux.

Que se passe-t-il donc alors entre le *métayer fin* et le bon compère *Georgeon* ? Qui peut le dire ? Ce n'est pas moi ; mais bien des versions circulent dans les veillées d'hiver, autour des tables où l'on casse les noix pour le pressoir ; bien des histoires sont racontées, qui font dresser les cheveux sur la tête.

D'abord, pendant la messe de minuit, les bêtes parlent, et le métayer doit s'abstenir d'entendre leur conversation. Un jour, le père Casseriot, qui était faible à l'endroit de la curiosité, ne put se tenir d'écouter ce que son bœuf disait à son âne.

— Pourquoi que t'es triste, et que tu ne manges point ? disait le bœuf.

— Ah ! mon pauvre vieux, j'ai un grand chagrin, répondit l'âne. Jamais nous n'avons eu si bon maître, et nous allons le perdre !

— Ce serait grand dommage, reprit le bœuf, qui était un esprit calme et philosophique.

— Il ne sera plus de ce monde dans trois jours, reprit l'âne, dont la sensibilité était plus expansive, et qui avait des larmes dans la voix.

— C'est grand dommage, grand dommage ! répliqua le bœuf en ruminant.

Le père Casseriot eut si grand'peur, qu'il oublia de faire son charme, courut se mettre au lit, y fut pris de fièvre chaude, et mourut dans les trois jours.

Le valet de charrue Jean, de Chassignoles, a vu une fois, au coup de l'élévation de la messe, les bœufs sortir de l'étable en faisant grand bruit, et se jetant les uns contre les autres, comme s'ils étaient poussés d'un aiguillon vigoureux ; mais il n'y avait personne pour les conduire ainsi, et ils se rendirent seuls à l'abreuvoir, d'où, après avoir bu d'une soif qui n'était pas ordinaire, ils rentrèrent à l'étable avec la même agitation et la même obéissance. Curieux et sceptique, il voulut en savoir le fin mot. Il attendit sous le portail de la grange, et en vit sortir, au dernier coup de la cloche, le métayer, son maître, reconduisant un homme qui ne ressemblait à aucun autre homme, et qui lui disait :

— Bonsoir, Jean ; à l'an prochain !

Le valet de charrue s'approcha pour le regarder de plus près ; mais qu'était-il devenu ? Le métayer était tout seul, et, voyant l'imprudent :

— Par grand bonheur, mon gars, lui dit-il, que tu ne lui as point parlé ; car, s'il avait seulement regardé de ton côté, tu ne serais déjà plus vivant à cette heure !

Le valet eut si grand'peur, que jamais plus il ne s'avisa de regarder quelle main mène boire les bœufs pendant la nuit de Noël.

III

LES TAPISSERIES DU CHATEAU DE BOUSSAC

Le Berry n'est pas ce qu'on le juge quand on l'a traversé seulement par les routes royales, dans ses parties plates et tristes, de Vierzon à Châteauroux, à Issoudun ou à Bourges. C'est vers la Châtre qu'il prend du style et de la couleur ; c'est vers ses limites avec la Marche qu'il devient pittoresque et vraiment beau.

En remontant l'Indre jusque vers les hauteurs où il cache sa source, on arrive à Sainte-Sévère, ancienne ville bâtie en précipice sur le versant rapide au fond duquel coule la rivière. Jusqu'à nos jours, il était presque courageux de descendre la rue principale et de traverser le gué. A présent, routes et ponts se hâtent de rendre la circulation facile et sûre aux sybarites de la nouvelle génération. Sainte-Sévère est illustre dans les annales du Berry et dans celles de la France ; c'est la dernière place de guerre qui fut arrachée aux Anglais sur notre ancien sol. Ils y soutinrent un assaut terrible, où le brave Duguesclin, *aidé de ses bons hommes d'armes et des rudes gars de l'endroit*, les battit en brèche avec fureur. Ils furent forcés promptement de se rendre et d'évacuer la forteresse, qui élève encore ses ruines formidables et le squelette de sa grande tour sur un roc escarpé. Nous l'avons vue entière et fendue de haut en bas par une grande lézarde garnie de lierre ; monument glorieux pour le pays, et superbe pour les peintres. Mais, durant l'avant-dernier hiver, la moitié de la tour fendue s'écroula tout à coup avec un fracas épouvantable, qui fut entendu à plusieurs lieues de distance. Telle qu'elle est maintenant, cette moitié de tour est encore belle et menaçante pour l'imagination ; mais, comme elle est trop menaçante en réalité pour les habitations voisines, et surtout pour le nouveau château bâti au pied, il est probable qu'avant peu, soit par la main des hommes, soit par celle du temps, elle aura entièrement disparu. On a longtemps conservé dans l'église de Sainte-Sévère le dernier étendard arraché aux Anglais. Nous ignorons s'il y est encore ; on nous a dit qu'il était conservé au château par M. le comte de Vilaines, dont le nouveau parc, jeté en pente abrupte sur le flanc du ravin, est une promenade admirable. Non loin de Sainte-Sévère, on entre, par Boussac, dans le département de la Creuse. Mais, jusqu'à Roul-Sainte-Croix, quatre lieues au delà, sur l'arête élevée des collines qui forment comme une limite naturelle aux deux provinces du Berry et de la

Marche, on foule encore l'ancien sol *berruyer*. Les paysans parlent presque tous la langue d'*oc* et la langue d'*oil*, et, dans sa sauvagerie marchoise, la campagne conserve encore quelque chose de la naïveté berrichonne.

Boussac est un précipice encore plus accusé que Sainte-Sévère. Le château est encore mieux situé sur les rocs perpendiculaires qui bordent le cours de la petite Creuse. Ce castel, fort bien conservé, est un joli monument du moyen âge, et renferme des tapisseries qui mériteraient l'attention et les recherches d'un antiquaire.

J'ignore si quelque indigène s'est donné le soin de découvrir ce que représentent ou ce que signifient ces remarquables travaux ouvragés, longtemps abandonnés aux rats, ternis par les siècles, et que l'on répare maintenant à Aubusson avec succès. Sur huit larges panneaux qui remplissent deux vastes salles (affectées au local de la sous-préfecture), on voit le portrait d'une femme, la même partout, évidemment; jeune, mince, longue, blonde et jolie; vêtue de huit costumes différents, tous à la mode de la fin du xve siècle. C'est la plus piquante collection des modes patriciennes de l'époque qui subsiste peut-être en France : habit du matin, habit de chasse, habit de bal, habit de gala et de cour, etc. Les détails les plus coquets, les recherches les plus élégantes y sont minutieusement indiqués. C'est toute la vie d'une merveilleuse de ce temps-là. Ces tapisseries, d'un beau travail de haute lisse, sont aussi une œuvre de peinture fort précieuse, et il serait à souhaiter que l'administration des beaux-arts en fît faire des copies peintes avec exactitude pour enrichir nos collections nationales, si nécessaires aux travaux modernes des artistes.

Je dis des copies, parce que je ne suis pas partisan de l'accaparement un peu arbitraire, dans les capitales, des richesses d'art éparses sur le sol des provinces. J'aime à voir ces monuments en leur lieu, comme un couronnement nécessaire à la physionomie historique des pays et des villes. Il faut l'air de la campagne de Grenade aux fresques de l'Alhambra. Il faut celui de Nîmes à la Maison Carrée. Il faut de même l'entourage des roches et des torrents au château féodal de Boussac ; et l'effigie des belles châtelaines est là dans son cadre naturel.

Ces tapisseries attestent une grande habileté de fabrication et un grand goût mêlés à un grand savoir naïf chez l'artiste inconnu qui en a tracé le dessin et indiqué les couleurs. Le pli, le mat et les lustrés des étoffes, la manière, ce qu'on appellerait aujourd'hui le *chic* dans la coupe des vêtements, le brillant des agrafes de pierreries, et jusqu'à la transparence de la gaze, y sont rendus avec une conscience et une facilité dont les outrages du temps et de l'abandon n'ont pu triompher.

Dans plusieurs de ces panneaux, une belle jeune enfant, aussi longue et ténue dans son grand corsage et sa robe en gaine que la dame châtelaine, vêtue plus simplement, mais avec plus de goût peut-être, est représentée à ses côtés, lui tendant ici l'aiguière et le bassin d'or, là un panier de fleurs ou des bijoux, ailleurs l'oiseau favori. Dans un de ces tableaux, la belle dame est assise en pleine face, et caresse de chaque main de grandes licornes blanches qui l'encadrent comme deux supports d'armoiries. Ailleurs, ces licornes, debout, portent à leurs côtés des lances avec leur étendard. Ailleurs encore, la dame est sur un trône fort riche, et il y a quelque chose d'asiatique dans les ornements de son dais et de sa parure splendide.

Mais voici ce qui a donné lieu à plus d'un commentaire : le croissant est semé à profusion sur les étendards, sur le bois des lances d'azur, sur les rideaux, les baldaquins et tous les accessoires du portrait. La licorne et le croissant sont les attributs gigantesques de cette créature fine, calme et charmante. Or, voici la tradition.

Ces tapisseries viennent, on l'affirme, de la tour de Bourganeuf, où elles décoraient l'appartement du malheureux Zizim ; il en aurait fait présent au seigneur de Boussac, Pierre d'Aubusson, lorsqu'il quitta la prison pour aller mourir empoisonné par Alexandre VI. On a longtemps cru que ces tapisseries étaient turques. On a reconnu récemment qu'elles avaient été fabriquées à Aubusson, où on les répare maintenant. Selon les uns, le portrait de cette belle serait celui d'une esclave adorée dont Zizim aurait été forcé de se séparer en fuyant à Rhodes ; selon un de nos amis, qui est, en même temps, une des illustrations de notre province [1], ce serait le portrait d'une dame de Blanchefort, nièce de Pierre d'Aubusson, qui aurait inspiré à Zizim une passion assez vive, mais qui aurait échoué dans la tentative de convertir le héros musulman au christianisme. Cette dernière version est acceptable, et voici comment j'expliquerais le fait : lesdites tentures, au lieu d'être apportées d'Orient et léguées par Zizim à Pierre d'Aubusson, auraient été fabriquées à Aubusson par l'ordre de ce dernier, et offertes à Zizim en présent pour décorer les murs de sa prison, d'où elles seraient revenues, comme un héritage naturel, prendre place au château de Boussac. Pierre d'Aubusson, grand maître de Rhodes, était très-porté pour la religion, comme chacun sait (ce qui ne l'empêcha pas de

---

[1] M. de la Touche, qui a chanté en beaux vers et décrit en noble prose les grâces et les grandeurs des sites du Berry et de la Marche.

trahir d'une manière infâme la confiance de Bajazet); on sait aussi qu'il fit de grandes tentatives pour lui faire abandonner la foi de ses pères. Peut-être espéra-t-il que son amour pour la demoiselle de Blanchefort opérerait ce miracle. Peut-être lui envoya-t-il la représentation répétée de cette jeune beauté dans toutes les séductions de sa parure, et entourée du croissant en signe d'union future avec l'infidèle, s'il consentait au baptême. Placer ainsi sous les yeux d'un prisonnier, d'un prince musulman privé de femmes, l'image de l'objet désiré, pour l'amener à la foi, serait d'une politique tout à fait conforme à l'esprit jésuitique. Si je ne craignais d'impatienter mon lecteur, je lui dirais tout ce que je vois dans le rapprochement ou l'éloignement des licornes (symboles de virginité farouche, comme on sait) de la figure principale. La dame, gardée d'abord par ces deux animaux terribles, se montre peu à peu placée sous leur défense, à mesure que les croissants et le pavillon turc lui sont amenés par eux. Le vase et l'aiguière qu'on lui présente ensuite ne sont-ils pas destinés au baptême que l'infidèle recevra de ses blanches mains ? Et, lorsqu'elle s'assied sur le trône avec une sorte de turban royal au front, n'est-elle pas la promesse d'hyménée, le gage de l'appui qu'on assurait à Zizim pour lui faire recouvrer son trône, s'il embrassait le christianisme, et s'il consentait à marcher contre les Turcs à la tête d'une armée chrétienne ? Peut-être aussi cette beauté est-elle la personnification de la France. Cependant, c'est un portrait, un portrait toujours identique, malgré ses diverses attitudes et ses divers ajustements. Je ne demanderais, maintenant que je suis sur la trace de cette explication, qu'un quart d'heure d'examen nouveau desdites tentures pour trouver, dans le commentaire des détails que ma mémoire omet ou amplifie à mon insu, une solution tout aussi absurde qu'on pourrait l'attendre d'un antiquaire de profession.

Car, après tout, le croissant n'a rien d'essentiellement turc, et on le trouve sur les écussons d'une foule de familles nobles en France. La famille des Villelune, aujourd'hui éteinte, et qui a possédé grand nombre de fiefs en Berry, avait des croissants pour blason. Ainsi nous avons cherché, et il reste à trouver : c'est le dernier mot à des questions bien plus graves.

A deux lieues de Boussac, à travers des sentiers de sable fin semé de rochers, et souvent perdus dans la bruyère, on arrive aux pierres Jomâtres, ou *Jo-math,* comme disent nos savants, ou *Jomares*, comme disent les rustiques. C'est un véritable cromlech gaulois, dont j'ai peut-être beaucoup trop parlé dans un roman intitulé *Jeanne*, mais que l'on peut toujours explorer avec intérêt, qu'on soit artiste ou savant. Le lieu est austère, découvert et imposant, sous un ciel vaste et jeté au sein d'une nature pâle et dépouillée qui a un grand cachet de solitude et de tristesse.

V

LES BORDS DE LA CREUSE

L'histoire des manoirs féodaux des bords de la Creuse n'offre, durant tout le moyen âge, qu'un série de petites guerres de voisin à voisin, et l'on pourrait dire de cousin à cousin. Il ne paraît pas que ces turbulents hobereaux aient pris souvent parti dans les grandes guerres civiles qui désolaient la France. Leurs exploits se tournaient vers les croisades, où plusieurs ont acquis du renom et dépensé leur bien. Aussitôt rentrés chez eux, ils n'avaient plus pour aliment à leur activité que les procès, presque toujours dénoués à main armée. Ils se mariaient dans le pays, c'est-à-dire que toutes les familles nobles étaient assez étroitement alliées les unes aux autres; mais il ne paraît pas que ce fût une raison pour s'entendre. Il n'est guère de succession qui n'ait donné lieu à des querelles, à des combats et à des assauts plus ou moins meurtriers.

Il résulte de la petitesse des intérêts personnels qui se sont débattus dans ces romantiques demeures, que l'histoire des châtellenies berruyères et marchoises, bien que très-agitée, est sans attrait réel. Quelques épisodes comiques, quelques discussions et conventoins bizarres entre les couvents et les châteaux, à propos de redevances et de dîmes contestées, viennent seuls rompre la monotonie de ces éternelles escarmouches.

Après la féodalité, les vieilles forteresses prennent parti dans les guerres de religion, mais presque toujours avec un caractère de personnalité fort étroit. C'est pourquoi l'on peut dire que nul pays n'a moins d'histoire que le bas Berry. Le dernier siége que soutint le vieux manoir de Gargilesse fut livré contre un partisan du grand Condé. L'affaire dura vingt-quatre heures ; un gendarme y fut blessé, la petite garnison se rendit *faute de vivres*. La puissance des hobereaux s'en allait pièce à pièce devant les idées et les besoins d'unité que Richelieu avait semés, et que les orgies de la Fronde ne pouvaient étouffer, comme leurs vieilles forteresses s'en allaient pierre à pierre devant les ressources nouvelles de l'artillerie de campagne. Richelieu avait décrété et commencé la destruction de tous ces nids de vautours ; Louis XIV l'acheva.

Ce qui n'a pas du tout d'histoire, c'est le rivage agreste de cette partie de la Creuse encaissée entre deux murailles de micaschiste et de granit, depuis les rochers Martin jusqu'aux ruines de Châteaubrun. Là n'existe aucune voie de communication qui ait pu servir aux petites armées des anciens seigneurs. Le torrent capricieux et tortueux, trop hérissé de rochers quand les eaux sont basses, trop impétueux quand elles s'engouffrent dans leurs talus escarpés, n'a jamais été navigable. On peut donc s'y promener à l'abri de ces réflexions, tristes et humiliantes pour la nature humaine, que font naître la plupart des lieux *à souvenirs*. Ces petits sentiers, tantôt si charmants quand ils se déroulent sur le sable fin du rivage ou parmi les grandes herbes odorantes des prairies, tantôt si rudes quand il faut les chercher de roche en roche dans un chaos d'écroulements pittoresques, n'ont été tracés que par les petits pieds des troupeaux et de leurs *pâtours*. C'est une Arcadie, dans toute la force du mot.

Si l'on suit la Creuse jusqu'à Croyent, où elle est encore plus encaissée et plus fortifiée par les rochers en aiguille, on en a pour une journée de marche dans ce désert enchanté. Une journée d'Arcadie au cœur de la France, c'est tout ce que l'on peut demander au temps où nous vivons.

Mais, quand nous disons *ce désert,* c'est dans un sens que nous devrions nous reprocher comme trop aristocratique, car ce pays est fréquenté par une population de pêcheurs, de meuniers et de gardeurs de troupeaux. Mais c'est assez l'habitude des gens qui ont la prétention d'appartenir à la civilisation, de se croire seuls quand ils n'ont affaire qu'à des esprits rustiques, étrangers à leurs préoccupations. Sans dédaigner en aucune façon ces êtres naïfs, et très-souvent excellents, on peut cependant dire avec quelque raison qu'ils font partie de la nature vierge qui leur sert de cadre. Ils ont pour nous le mérite de ne rien déranger à son harmonie et de ne pas voir au delà de ses étroits horizons. On n'a pas à craindre qu'ils ne racontent la légende du manoir dont les ruines se dressent au sommet de leurs collines. Ils l'ont si bien oubliée, qu'ils s'étonnent d'une question à ce sujet. Ils ont un mot qui résume pour eux toute l'histoire du monde ; ce mot, c'est *dans les temps,* mot vague et mystérieux, qui couvre pour eux un abîme impénétrable, inutile à creuser. « Cet endroit a été habité *dans les temps. — Dans les temps*, on dit qu'il s'y est fait du mal. — Il paraît que, *dans les temps*, le monde se battait toujours. » N'en demandez pas davantage : le pourquoi et le comment n'existent pas.

On est donc très-étonné de trouver quelquefois, chez cet homme rustique, une certaine préoccupation et une certaine notion, que l'on pourrait appeler divinatoire, des événements primitifs dont la terre a été le théâtre et dont l'homme n'a pas été le témoin. Le paysan se demande quelquefois la cause de ces formes capricieuses et de ces accidents pittoresques qui tourmentent le sol sous ses pas. Il vous dit que le feu a tout cuit dans la terre, et que les pierres ont poussé, *dans les temps*, comme poussent maintenant les arbres; notion très-juste, à coup sûr, dans une région qui porte la trace de soulèvements considérables.

D'où vient cette tradition dans des esprits complétement incultes? Du raisonnement et de la comparaison. On se tromperait bien si l'on supposait que le paysan ne réfléchit pas. Il rêve plus qu'il ne pense, il est vrai; mais sa rêverie est pleine de hardiesses d'autant plus ingénieuses qu'elles ne sont pas entravées par les notions d'autrui.

Si une race d'hommes mérite le bonheur, c'est à coup sûr la race agricole. Ce bonheur serait si peu exigeant! Quand on regarde la frugalité de ses habitudes et que l'on écoute ses plaintes, on s'étonne du peu qu'il faudrait pour satisfaire l'ambition du paysan : celui-ci rêve de deux vaches qu'il pourrait mettre dans son pré; celui-là, d'un bout de pré qui suffirait à ses deux vaches. On a tort de croire que rien ne contenterait l'avidité croissante du paysan. Il ne désire généralement que ce qu'il peut cultiver lui-même : si, par exception, son esprit s'inquiète des besoins de la civilisation, il s'en va, il cesse d'être paysan.

Le fait d'une haute sagesse économique serait d'entretenir chez le paysan cet amour de la terre et du chez soi, auquel il renonce avec tant de répugnance ou par suite d'instincts tellement exceptionnels.

Quels services ne rend-il pas, en effet, à la société, cet homme sobre et patient que rien ne rebute, et qui porte l'effort constant de sa vie dans des solitudes où nul autre que lui ne voudrait planter sa tente? Rien ne le rebute dans cette tâche d'isolement et de labeur. Donnez-lui ou confiez-lui à de bonnes conditions un peu de terre, fût-ce sur la cime d'un rocher ou sur le bord d'un torrent dévastateur, il trouvera moyen de s'y installer. Il ne vous demandera ni chemin, ni vastes établissements, ni dépenses sérieuses. Acclimaté et habitué à tous les inconvénients de la région où il est né, il persiste à travailler et à vivre quelquefois dans des conditions devant lesquelles reculeraient des colonies amenées à grands frais. Les grandes découvertes modernes de l'agriculture, les machines et le drainage, ne sont applicables qu'aux plaines. Dans les régions accidentées où les transports ne se font qu'à dos de mulet, la bêche, c'est-à-dire le bras de l'homme, peut seul tirer parti de ces précieux filons de terre extrafine qui glissent et s'accumulent dans les intervalles des rochers. Qui de nous voudrait se charger de disputer, sa vie durant, ce terreau à la roche qui l'enserre, et d'habiter cette chaumière isolée au bord du précipice ? Le paysan s'y plaît cependant, hiver comme été ; il s'y acharne contre l'eau fougueuse et la pierre obstinée ! Creuser et briser, voilà toute sa vie. C'est une vie d'ermite, c'est un travail de castor. Cet homme aurait le droit d'être sauvage. Loin de là, il est doux, hospitalier, enjoué ; il prend en amitié le passant qui regarde son labeur et admire sa montagne. Ce que nous disons là ne s'applique pas en particulier aux bords de la Creuse, qui ne sont que des gorges profondes, sillonnant de vastes plateaux fertiles et praticables ; mais, si nous avons raison relativement à d'étroits espaces dont le paysan sait, à force de patience, utiliser les escarpements, combien notre sollicitude ne doit-elle pas s'étendre à des populations entières, oubliées et perdues dans les montagnes arides qui sillonnent d'autres parties de la France !

GARGILESSE

Grâce à une bonne tendance générale, les artistes et les poëtes commencent à savoir et à dire que la France est un des plus beaux pays du monde, et qu'il n'est pas nécessaire, comme on l'a cru trop longtemps et comme la mode le prétend encore, de franchir les Alpes pour trouver la nature belle et le ciel doux. Si, comme toutes les vastes contrées, la France a de vastes espaces encore incultes et frappés d'une apparente stérilité, ou des plaines uniformes fatigantes de richesses matérielles pour l'œil du voyageur désintéressé, elle a aussi, dans les plis de ses montagnes, dans le mouvement de ses collines, et dans les sinuosités de ses rivières, des grandeurs réelles, des oasis délicieuses et des paysages enchantés. Tout le monde connaît maintenant les endroits pittoresques fréquentés par les savants et les artistes, l'âpre caractère des sites bretons, les splendeurs étranges du Dauphiné, les riants jardins de Touraine, et les volcans d'Auvergne, et les herbages splendides de Normandie, etc.

Le centre de la France est moins connu et moins fréquenté. Le Berry, le Bourbonnais et la Marche sont comme des noyaux qui envoient le rayonnement et ne le reçoivent pas. Une partie de ces populations émigre, et rien n'attire vers elles. Bourges, la ville centrale de la nationalité française, est une ville morte, sans activité expansive, sans autre individualité que la force d'inertie qui caractérise les vieux Berruyers. Il ne semble pas qu'un point central puisse être un point d'isolement. Il en est pourtant ainsi. La stagnation des habitudes et des idées est remarquable dans cette ancienne métropole et dans les populations environnantes.

A part les monuments de Bourges, qui sont d'un grand intérêt, nous ne conseillerons d'ailleurs à personne d'aller chercher par là les délices de la promenade. Si l'on traverse le Berry, il faudra éviter aussi le navrant pays de Brenne et les froides plaines d'Issoudun et de Châteauroux. Ceux qui voyagent en poste ou en wagon ne verront jamais de cette région que ce qu'elle a de morne et de stupéfiant. Pourtant, si l'on se dirige en chemin de fer jusqu'à Argenton, et que l'on veuille descendre, en voiture ou à cheval, le cours de la Creuse pendant deux lieues, on arrivera dans cette partie du bas Berry où il faut nécessairement aller à pied ou à âne, mais dont le charme vous dédommage amplement des petites fatigues de la promenade.

C'est une gentille et mignonne Suisse qui se creuse tout à coup sous vos pieds, quand vous avez descendu deux ou trois amphithéâtres de collines douces et d'un large contour. Vous vous trouvez alors en face d'une déchirure profonde, revêtue de roches micaschisteuses d'une forme et d'une couleur charmantes; au fond de cette gorge coule un torrent furieux en hiver, un miroir tranquille en été : c'est la Creuse, où se déverse un torrent plus petit, mais pas beaucoup plus sage à la saison des pluies, et non moins délicieux quand viennent les beaux jours. Cet affluent, c'est la Gargilesse, un bijou de torrent jeté dans des roches et dans des ravines où il faut nécessairement aller chercher ses grâces et ses beautés avec un peu de peine.

Depuis quelques années, le petit village de Gargilesse, situé près du confluent de ces eaux courantes, est devenu le rendez-vous, le Fontainebleau de quelques artistes bien avisés. Il en attirera certainement peu à peu beaucoup d'autres, car il le mérite bien. C'est un nid sous la verdure, protégé des vents froids par des masses de rochers et des aspérités de terrain fertile et doucement tourmenté. Des ruisseaux d'eau vive, une vingtaine de sources, y baignent le pied des maisons et y entretiennent la verdeur plantureuse des enclos.

Quelque rustiquement bâti que soit ce village, son vieux château perché sur le ravin et son église romane d'un très beau style, fraîchement réparée par les soins du gouvernement, lui donnent un aspect confortable et seigneurial. La fertilité du pays, la rivière poissonneuse, l'abondance de vaches laitières et de volailles à bon marché, assurent une nourriture saine au voyageur. Les gîtes propres sont encore rares ; mais les habitants, naturellement hospitaliers et obligeants, commencent à s'arranger pour accueillir convenablement leurs hôtes.

Une fois installé chez ces braves gens, on n'a que l'embarras du choix pour les promenades intéressantes et délicieuses. En remontant le cours de la Creuse par des sentiers pittoresques, on trouve, à chaque pas, un site enchanteur ou solennel. Tantôt le *rocher du Moine*, grand prisme à formes basaltiques, qui se mire dans des eaux paisibles ; tantôt le *roc des Cerisiers*, découpure grandiose qui surplombe le torrent et que l'on ne franchit pas sans peine quand les eaux sont grosses.

Ces rivages riants ou superbes vous conduisent à la colline escarpée où se dresse l'imposante ruine de Châteaubrun. Son enceinte est encore entière, et vous trouvez là une solitude absolue. Ce serait l'idéal du silence, sans les cris aigus des oiseaux de proie et le murmure des cascades de la Creuse.

Toute cette région jouit d'une température exceptionnelle, et particulièrement le village de Gargilesse, bâti, comme nous l'avons dit, dans un pli du ravin et abrité de tous côtés par plusieurs étages de collines. La présence de certains papillons et de certains lépidoptères qui ne se rencontrent, en France, qu'aux bords de la Méditerranée, est une preuve frappante de cette anomalie de climat, enfermée pour ainsi dire sur un espace de quelques lieues, dans le ravin formé par la Creuse. C'est comme une serre chaude au milieu des plateaux élevés et froids qui unissent le bas Berry à la Marche ; et c'est ici le lieu de dire que la France manque d'une statistique des localités salubres et bienfaisantes qu'elle renferme à l'insu de la Faculté de médecine. On n'a encore trouvé rien de mieux à conseiller aux personnes menacées de phthisie, que le littoral piémontais, où les riches seuls peuvent se réfugier, et où il n'est pas prouvé que l'air salin de la mer, engouffré dans la corniche des hautes montagnes, ne soit pas beaucoup trop violent pour les poitrines délicates.

Jusqu'à présent, les antiquaires, les naturalistes et les peintres ont seuls la bonne fortune et le bon esprit de pénétrer dans ces oasis dont nous parlons et dont nous pouvons signaler au moins une dans le rayon de nos promenades. Combien ne découvrirait-on pas de ces abris naturels dans les différentes provinces ! Est-ce qu'un voyage médical entrepris dans ce but par une commission compétente, et devant amener l'établissement de maisons de santé sur un grand nombre de points de notre territoire, ne serait pas digne de l'attention du gouvernement ? Ce serait une source de bien-être pour ces petites populations, en même temps qu'une immense économie pour les familles médiocrement aisées qui demandent, pour un de leurs membres languissant et menacé, un refuge contre nos rigoureux hivers. Il faut nécessairement que ce refuge soit à leur portée, et certainement chaque province, chaque département peut-être, en renferme au moins un. Mais qui le sait ou qui le remarque ? Il faudrait le trouver et le signaler. L'expérience seule des habitants et des proches voisins les initie à ce bienfait qu'ils ne proclament pas, la plupart ignorant peut-être qu'à quelques lieues de leur clocher le climat change et la vigne gèle, tandis que chez eux elle fleurit et prospère. Nous avons remarqué qu'à Gargilesse on était, cette année, en avance de quinze jours, pour la fauchaille de la moisson, sur des localités situées à très-peu de distance. Quinze jours, c'est énorme ; c'est la différence de Florence à Paris. Et, si nous parlons de l'Italie, nous ferons remarquer que, dans presque toutes ses villes renommées et recherchées, il faut payer un tribut souvent grave, quelquefois mortel, à l'insalubrité ou à l'excitation du climat. Le voyage, long ou rapide, produit chez les malades, ou une fatigue funeste, ou une secousse de trop brusque transition, où les nerfs s'exaltent. Les accès de fièvre de Rome et de Venise sont terribles. Ce qu'on appelle la distraction du déplacement, c'est-à-dire l'émotion et l'agitation, n'est un remède que pour ceux qui ont la force de le supporter, Et, en effet, au physique comme au moral, il n'y a que les natures énergiques qui supportent la transplantation et qui se retrempent en changeant de milieu.

C'est donc risquer le tout pour le tout que d'envoyer les malades en Italie. Il faudrait trouver l'Italie à la porte de chaque ville de France, et elle y est, nous en sommes certain. A le bien prendre, l'Italie, c'est-à-dire ce que nous nous imaginons de l'Italie, comme saveur et beauté de climat, est loin d'être partout sur le sol de la Péninsule. On peut même affirmer que, dans cette longue chaîne de montagnes entre deux mers qui forme son territoire, il faut beaucoup chercher pour trouver une exposition qui ne soit ou très-froide, ou brûlée d'un soleil dévorant. Nous avons de ces inégalités de température en France; raison de plus pour chercher, sur un espace bien autrement vaste et assaini par la culture, les sites heureux où règnent les bénignes influences, la facilité des transports, la vie à bon marché, et le grand avantage d'être à proximité de ses devoirs et de ses affections.

FIN

TABLE

	Pages.
PROMENADES AUTOUR D'UN VILLAGE............	1
BERRY. — I. Mœurs et Coutumes................	143
— — II. Les Visions de la nuit dans les campagnes...........................	178
— — III. Les Tapisseries du château de Boussac............................	229
— — IV. Les bords de la Creuse...........	23
— — V. Gargilesse......................	248

www.ingramcontent.com/pod-product-compliance
Lightning Source LLC
Chambersburg PA
CBHW070631170426
43200CB00010B/1974